F.C. Albert Kaiser

**Neue Bahnen in der Weltanschauung und Naturanschauung**

F.C. Albert Kaiser

**Neue Bahnen in der Weltanschauung und Naturanschauung**

ISBN/EAN: 9783743346710

Hergestellt in Europa, USA, Kanada, Australien, Japan

Cover: Foto ©Thomas Meinert / pixelio.de

Manufactured and distributed by brebook publishing software (www.brebook.com)

F.C. Albert Kaiser

**Neue Bahnen in der Weltanschauung und Naturanschauung**

# Neue Bahnen

in der

[...]nschauung

und

[...]nschauung.

Von

Albert Kaiser.

# Kurzes Vorwort.

Die erfreulichen Resultate, welche ich in der vorliegenden Schrift zu melden habe, sind durch und an Thatsachen bewährt und haben eine mehr oder weniger lange Probezeit bestanden, so dass ich es wage, damit in die Oeffentlichkeit zu treten. Jeder, der sich in dieser Beziehung versucht hat, weiss, dass die Hauptarbeit oft darin besteht, die anfänglich complicirten Resultate zu vereinfachen und anschaulich zu machen. Wer sich über meine schmucklose Ausdrucksweise hinwegsetzen kann, wird viel des Neuen darin finden.

Zur vorläufigen Musterung empfehlen sich § 2, § 12, § 38, § 39, jedoch hängen die einzelnen Artikel eng zusammen, und es erfordert darum das volle Verständniss der belangreichsten Resultate, ein zusammenhängendes Lesen der kleinen, sehr leicht lesbaren Schrift.

Da ich mehrere Namensvettern habe, die zugleich Collegen sind, welche ich aber nicht unschuldiger Weise in Controverse verwickeln möchte, so bitte ich auf meinen vollen Namen zu achten.

DRESDEN, den 9. Februar 1892.

Der Verfasser.

# Inhalt.

## Abtheilung I. Weltanschauung.

| | | Seite. |
|---|---|---|
| § 1. | Einleitung | 3 |
| § 2. | Der Fundamentalsatz des Materialismus | 5 |
| § 3. | Die übernatürliche Ursache des Weltalls | 6 |
| § 12. | Die Tangentialbewegung und die potentielle Energie | 16 |
| § 16. | Das „Urgesetz" und die Grundlagen des Weltalls | 20 |
| § 26. | Die Eigenschaften der Weltursache | 33 |
| § 34. | Der Dualismusmonismus | 40 |

## Abtheilung II. Naturanschauung.

| | | |
|---|---|---|
| § 38 | Einleitung | 44 |
| § 39. | Zur Theorie des Stoffs | 46 |
| § 42. | Zur Theorie des Aethers | 50 |
| § 49. | Das Wesen der Gravitation | 56 |
| § 57. | Das Perigravitationsgesetz | 64 |
| § 62. | Die chemischen und physikalischen Eigenschaften des Stoffs und „das mechanische Modell der chemischen Reaction". | 85 |
| § 79. | Die Lücken der Gastheorie | 102 |
| § 95 | Die fünf Aggregatzustände | 120 |
| § 100. | Schluss | 127 |

### Berichtigung.

S. 34 Z. 25 anstatt „unverstellbar" lies „unvorstellbar grosse"
S. 41 Z. 14 anstatt „klimatischer" lies „kinetischer".

# I. Abtheilung.

## Weltanschauung.

# Einleitung.

## Das Gleichniss von den drei Hauptstufen der Weltanschauung. Glaube, Unglaube, Wissen.

§ *1.* „*Eine der schönsten Erinnerungen aus unserer Jugend „ist das herrliche Märchen vom ‚heiligen Christ' in der gemüth-„beseligenden Weihnachtszeit. Vielleicht waren wir in jener Zeit, „als wir dieses Märchen für volle Wahrheit hielten, am glück-„lichsten.*" —

Ein wesentlicher Unterschied des Menschen vom Thier besteht darin, dass der Mensch des Gottesbegriffs fähig ist, das Thier nicht; und ferner ist dem Menschen (selbst dem eingefleischtesten Materialisten) der Hang zum Uebernatürlichen unvertilgbar eingegraben. Darum sind alle positiven Religionen voll von Wunderthaten, und ohne solche würde kein Religionsstifter Anklang gefunden haben. Es würde sehr unrecht sein, über diese Wunder höhnisch zu urtheilen; machen sie doch für einen grossen Theil der Menschheit die eigentliche Religion aus und gewähren dadurch moralischen Halt. Vielleicht ist dieser Theil der Menschheit mit seinem poesievollen Glauben sogar der glücklichste. Andere setzen die Lehre des Religionsstifters über seine Wunderthaten, und andere gehen noch weiter.

„*Es kommt aber die Zeit, wo das Kind das Märchen vom „heiligen Christ" zu bezweifeln anfängt, und bald — sei es durch „eigene Erkenntniss der Thatsachen oder durch Aufklärung von „anderer Seite — glaubt es nicht mehr daran. Alsdann macht „sich der Charakter der Kinder nach zwei Richtungen hin geltend. „Die einen reden über den früheren Standpunkt höhnisch und „wegwerfend, die andern sind tief traurig gestimmt. So brach „mein Kind, dessen Zweifeln ich ein Ende zu machen für gut „fand, in Thränen aus mit den Worten: ‚Vater, ich will's doch „wieder glauben.' Aber es ging nicht mehr.*"

Es konnte nicht ausbleiben, dass befähigte Denker die Religionsdogmen sowie alle andern Satzungen einer Kritik unterzogen, und damit war man in die philosophische Stufe übergetreten. Die Kulturmission der Philosophie seit den ältesten Zeiten bis auf die Gegenwart ist der „Zweifel".*) Mit Naturnothwendigkeit musste aber diese Zwischenstufe unter dem Einfluss der sich mehr und mehr entwickelnden Naturwissenschaften zur zweiten Hauptstufe, dem Unglauben (Materialismus) hinüberleiten. Auch hier wieder je nach der Charakterrichtung sprechen die einen herabwürdigend und höhnisch über den früheren Standpunkt, andere bescheiden sich nach der Erkenntniss in stummer Resignation.

„*Ist denn nun aber das schöne Märchen vom ‚heiligen Christ' nichts weiter als ein Märchen? Mit nichten!*" —

„*Als Griechen und Römer mit ihren Systemen voll abge-*„*wirthschaftet hatten, als die damalige Menschheit infolge ihrer* „*unsinnigen Lebensweise bis zum Rand des Abgrundes gekommen* „*war, da hat die Lehre Christi der Menschheit Halt wieder ge-*„*geben, und zwar stärkeren wie je zuvor, und ist somit zur Retterin* „*der Menschheit geworden. Aus dankbarer Erinnerung, bewusst* „*oder unbewusst, und an dem sehr passenden Tage, welcher dem* „*Andenken an Christi Geburt geweiht ist, beschenken Eltern ihre* „*Kinder in Form einer Bescherung, deren wirkliche Ursache in* „*der That Christus oder der ‚heilige Christ' ist. Dieses schöne* „*Märchen ist also im höheren Sinne sogar volle Wahrheit, welche* „*in der bekannten poesievollen und anmuthenden Form nur dem* „*Verständniss der Kinder angepasst ist.*"

Ist nun die zweite Stufe der Weltanschauung, der Materialismus, die höchste Stufe? Mit nichten! Mit Hilfe der in der Entwickelung begriffenen Naturwissenschaften ist man von der philosophischen Zwischenstufe zum Materialismus gelangt. Die weiter entwickelten Naturwissenschaften sind aber weiter berufen, zur dritten und höchsten Stufe, dem Wissen, der Wirklichkeit, hinüberzuleiten. Das soll im Nachfolgenden gezeigt werden.

---

*) Nach meiner unmassgeblichen Meinung aber Ueberzeugung befindet sich die Philosophie noch immer in der „alchemistischen Periode".

## Der Fundamentalsatz des Materialismus.

**§ 2.** Die Wissenschaft hat zweifellos festgestellt, dass kein Atom des mit Schwerkraft begabten Weltkörperstoffs noch die geringste Spur der sog. lebendigen Kraft (Energie) im Weltall weder durch menschliches Zuthun noch durch irgend andere natürliche Vorgänge erzeugt oder zerstört werden kann.

Mit der materialistischen Zuthat versehen, lautet dagegen der Fundamentalsatz des Materialismus:

„Da Stoff, Kraft und Energie weder erzeugbar resp. erschaff-„bar noch zerstörbar ist; da ferner alle Erscheinungen im Weltall „nach ausnahmslos gültigen Naturgesetzen erfolgen und erklärt „werden können, so ist die Annahme eines Schöpfers, Gottes, einer „Welturesache u. s. w. nicht nur überflüssig, sondern sogar un„haltbar."

Sehr viele Gelehrte, darunter solche ersten Ranges, sind in die Bande dieses Zirkelschlusses und somit Dogmas verstrickt worden, ja die Wissenschaft ist fast ganz unter die Botmässigkeit dieses unheilvollen Satzes gekommen. Viele halten sogar Naturwissenschaft und Materialismus für gleichbedeutend, was aber durchaus unrichtig ist.

Ein Zirkelschluss ist dieser Fundamentalsatz des Materialismus, weil der Nachsatz (Behauptung) nur richtig ist, wenn der Vordersatz (Voraussetzung) richtig ist, und weil andrerseits die Voraussetzung nur wahr ist, wenn die Behauptung wahr ist. Man leugnet in der Voraussetzung stillschweigend etwas und leugnet dann in der Behauptung dasselbe offen.

Was wird in der Voraussetzung stillschweigend geleugnet? Die Wissenschaft hat zweifellos festgestellt, dass Stoff, Kraft und Energie nicht auf natürlichem Wege erzeugbar oder zerstörbar sind; ob dies aber durch eine übernatürliche Ursache geschehen könne, darüber sagt obige wissenschaftliche Feststellung kein Wort. Folglich darf wenigstens die Möglichkeit einer solchen übernatürlichen Ursache von vornherein nicht ausgeschlossen werden; ob dann diese Möglichkeit begründet ist, muss eine specielle Untersuchung erweisen. Dagegen ist der Materialismus nicht berechtigt, diese Möglichkeit einer übernatürlichen Ursache ohne Weiteres, d. h. ohne hinreichende Begründung (welche nirgends in irgend ausreichendem Maasse geliefert ist) zu übergehen, andernfalls wird die betreffende Voraussetzung zur subjektiven Meinung und sinkt daher ebenso wie der ganze Fundamentalsatz des Materialismus zum blossen Dogma herab, welches richtig oder falsch sein kann, jedenfalls aber eines speciellen Beweises bedarf. Dem materialistischen Dogma kann sofort ein zweites entgegengestellt werden, welches also lauten würde:

„Da nicht die geringste Spur von Stoff, Kraft und Energie „durch natürliche Ursachen erzeugt oder zerstört werden kann; „da der träge Stoff mit seinen Eigenschaften, aus dem sich das „Weltall in seinem gegenwärtigen Zustande entwickelt hat, nicht „aus sich selbst da sein kann, so muss das alles durch eine über-„natürliche Ursache erzeugt sein."

Welches von beiden Dogmen ist nun richtig, welches falsch? Ich werde im Nachfolgenden den Beweis liefern, dass das materialistische Dogma eine Unwahrheit ist, insofern es dem gegenwärtigen Zustande des Weltalls widerspricht.

## Die übernatürliche Ursache des Weltalls.

**§ 3.** Dieses erhabene Problem, welches mit dem von der Ewigkeit des Weltalls eng zusammenhängt, hat seit den ältesten Zeiten das angestrengteste Nachdenken der Menschen herausgefordert, und es drängt sich darum zuerst die Frage auf, warum trotz aller ernsten Bemühungen doch immer kein zweifelloses Resultat erzielt wurde. — Die Antwort auf diese Frage ist nicht schwer, sobald man die Grundlagen oder Voraussetzungen der betreffenden Beweise scharf in's Auge fasst. Man findet alsdann, dass diese Grundlagen oder Voraussetzungen entweder theologisch-dogmatischer Art sind, also auch die Beweise Glaubenssache bleiben müssen, oder dass sie den Gebieten der Biologie, Psychologie oder der abstrakten Philosophie entstammen, in welch' letzterem Falle die entlehnten Voraussetzungen wegen übergrosser Complicirtheit ebenso wenig wie im vorigen Fall es ermöglichen, einen zweifellosen Beweis durchzuführen. Wer nicht von vornherein die Unfehlbarkeit der wissenschaftlichen Theorien (nicht zu verwechseln mit thatsächlichen Feststellungen) proklamirt, muss zu der Einsicht gelangen, dass bei strenger Prüfung die eventuellen Grundlagen oder Voraussetzungen aus den Gebieten der Biologie, Psychologie und abstrakten Philosophie fast ebenso sehr einer endgültigen Begründung ermangeln und daher der weiteren

Beweise ebenso bedürfen als das in Frage kommende Dasein der Welturache resp. die Ewigkeit des Weltalls.

Zu dieser Erkenntniss gelangt, schlug ich darum einen anderen Weg ein und ging namentlich vorerst von dem allgemeinen Gesichtspunkt aus, dass der zu findende Beweis (sich nicht bloss auf irdische Gegenstände erstrecken dürfe, dass vielmehr zur vollgültigen Lösung das gesammte Weltall herangezogen werden müsse. Wohl möchte man vor einem scheinbar so titanenhaften Vorhaben von vornherein zurückschrecken, bedenkend, dass man in der Erkenntniss kaum der Scylla entronnen, wieder der Charrybdis zum Opfer fällt. Indess wenn man muthig die Forschung wagt, so findet man, dass dieses Bedenken gewissermassen jener Fabel gleicht, also bei Muth und Vorsicht unnütze Besorgniss erregt; denn [gerade umgekehrt vereinfachen sich die grossen Schwierigkeiten des Problems in wunderbarer Weise, wenn man den Beweis auf das ganze Weltall ausdehnt, und ohne diese Ausdehnung würde er überdies einseitig, nicht allgemein gültig sein.

Dies vorausgeschickt, musste ich, um nicht in den Fehler der bisherigen Beweisführung zu verfallen, folgende weitere Anforderungen stellen:

1. Es dürfen nur so zweifellose Thatsachen zu Grunde gelegt werden, wie die, dass im gegenwärtigen Zustande des Weltalls die Sonne Licht und Wärme ausstrahlt und die Sterne leuchten.

2. Es dürfen nur zweifellos gültige Naturgesetze benutzt werden wie die, dass ein heisser Körper sich in der kälteren Umgebung abkühlt, oder die Gesetze des Stosses unelastischer Körper, welche einerseits von der Wissenschaft zweifellos festgestellt sind, andrerseits jeden Augenblick der Probe unterworfen werden können.

3. Jede sog. Weltbildungstheorie, jede sog. Stofftheorie (Atomtheorie oder andere) ist auszuschliessen.

4. In schlichter Ausführung und vermittelst der einfachsten logischen Schlussfolgerungen, deren Verständniss selbst dem beschränkten Fassungsvermögen soweit als möglich zugänglich ist, muss der Hauptschluss herbeigeführt, das Resultat gewonnen werden.

In diesem Sinne ist der nachfolgende Beweis geführt. Wer nur des Begriffs der bürgerlichen Maasse: Ellen, Meter, Monate u. s. w. fähig ist, für den wird der Beweis unverständlich sein. Wer die Weltmaasse nach Raum und Zeit auch nur einigermassen zu erfassen vermag, und bei einigem guten Willen dürfte das Niemand zu schwer fallen, dem werden keine Schwierigkeiten entgegenstehen, nur bitte ich um die ungetheilte Aufmerksamkeit des Lesers. —

**§ 4.** Anknüpfend an das Endresultat des vorigen Artikels fahre ich also fort: Soll der Fundamentalsatz, d. h. das Dogma des Materialismus richtig sein, so ist es unerlässliche Forderung, dass das Weltall seit Ewigkeit her besteht, und dass damit der gegenwärtige Zustand in Einklang steht, oder was dasselbe ist, es muss sich, soll die Ewigkeit des Weltalls aufrecht erhalten werden, die Vergangenheit aus der Gegenwart oder die Gegenwart aus der Vergangenheit naturgesetzlich ableiten lassen. Dann sind aber von vornherein nur zwei Ausgangspunkte resp. Voraussetzungen möglich.

I. Der Stoff des Weltalls entwickelt sich nicht.
II. Der Stoff des Weltalls entwickelt sich.

Ein Drittes ist, wie Jeder einsieht, unmöglich.

**§ 5.** I. Der Stoff des Weltalls entwickelt sich gar nicht, d. h. die auf den Weltkörpern vor sich gehenden Veränderungen gleichen sich immer wieder aus und sind deshalb ohne Belang. So wird z. B. die Kälte des Winters durch die Wärme des Sommers ausgeglichen. Berge werden in Thäler und in das Meer gewaschen, dafür erheben sich wieder anderswo Berge. Die Sonne strahlt Licht und Wärme aus, empfängt aber dagegen aus dem unendlichen Weltall ebenso viel Licht und Wärme zurück, als sie ausstrahlt, denn bei der unendlichen Ausdehnung des Weltalls müssen die Licht- und Wärmestrahlen irgendwo auf feste Stoffe treffen und reflectirt werden; im Weltall kann keine Spur von Energie verloren gehen. Kurz, das Weltall befindet sich im Zustande des calorischen (Wärme) Gleichgewichts u. s. w. Das ist in der That die Ansicht einiger hervorragender Naturforscher. Diese Ansicht ist aber unrichtig; das Weltall befindet sich nicht im Zustande des calorischen Gleichgewichts.

Beweis: Könnten wir vom nächsten Fixstern als Standpunkt aus Sonne und Erde sehen, so würde die Erde neben dem Sonnenstern als winziger Punkt fast ohne jeden Abstand erscheinen. Noch geringer würde dieser Abstand bei Beobachtung von entfernteren Fixsternen aus erscheinen, und daraus geht hervor, dass die Sonne im Vergleich zur Erde dem gesammten Weltall gegenüber keine bevorzugte Stellung, Wärme zu empfangen, einnimmt. Mithin müsste eine Quadratmeile Erdoberfläche ebenso viel Wärme aus dem Weltall empfangen als eine Quadratmeile Sonnenoberfläche und die Erdoberfläche müsste im Fall des calorischen Gleichgewichts ebenso heiss sein als die Sonnenoberfläche, was der Wirklichkeit ganz und gar widerspricht. Wie viel Wärme die Oberflächen der Weltkörper aus dem Weltall empfangen, erfahren wir annähernd, wenn wir uns in einen Polarwinter hineinversetzen, dessen Kälte noch viel bedeutender sein würde, wenn die Erde keine Atmosphäre hätte. Calorisches Gleichgewicht im Weltall existirt also nicht.

Die sehr grosse (aber endliche) Sonnenmasse giebt von ihrem sehr grossen (aber endlichen) Wärmevorrath in jeder Sekunde eine endliche Wärmemenge aus ohne Wiederersatz; der ganze Wärmevorrath der Sonne muss mithin in endlicher (nicht unendlicher) Zeit verbraucht werden, und da die Sonne in der Gegenwart Wärme ausstrahlt, so kann diese Wärmeausstrahlung nicht seit Ewigkeit her bestanden haben. Folglich lässt sich auf Grund der Voraussetzung, dass sich der Stoff im Weltall gar nicht entwickelt, die Ewigkeit des Weltalls nach der Vergangenheit hin nicht aufrecht erhalten. —

Für die weitere Untersuchung ist vor Allem die allgemeine Entwickelung kosmischer Massen in's Auge zu fassen, weil im Vergleich zu dieser, als der vorangehenden, die speciellen Entwickelungen des Stoffs kosmischer Massen, wie z. B. die Entwickelung des Organischen, geologische Bildungsprocesse u. s. w. von ganz untergeordneter Natur sind Diese allgemeine Entwickelung kosmischer Massen unterliegt aber ausnahmslos streng gültigen Naturgesetzen; nämlich insofern die Entfernung in Betracht kommt, unterliegen die kosmischen Massen dem Gravitationsgesetz; insofern sie Inhaber irgend welcher Form der sogenannten kinetischen Energie (fortschreitende Bewegung, Wärme) sind, unterliegen sie den betreffenden Energiegesetzen.

§ 6. II. Der Stoff des Weltalls entwickelt sich. Unter dieser Voraussetzung würde also weiter zu untersuchen sein, ob ein ewiges Bestehen des Weltalls nach der Vergangenheit hin möglich ist. Es ergeben sich sofort wieder folgende zwei und nur diese zwei Ausgangspunkte:

*A*. Der Stoff des Weltalls entwickelt sich in immer gleichen, wiederkehrenden Perioden.

*B*. Die Entwickelung des Stoffs im Weltall erfolgt nach einer bestimmten Richtung hin.

Ein Drittes giebt es offenbar nicht; denn eine Entwickelung in ungleichen aber sich ausgleichenden Perioden summirt, ergäbe gleiche Gesammtperioden und wäre mit *A* identisch, während eine

Entwickelung in ungleichen Perioden nach bestimmter Richtung hin mit $B$ zusammenfällt.

*A.* Vorausgesetzt, dass der Stoff des Weltalls sich in immer gleichen wiederkehrenden Perioden entwickelt, so dass das Ende der einen Periode zugleich der Anfang der nächsten Periode ist, wird die Ewigkeit des Weltalls behauptet, und es ist zu untersuchen, ob das naturgesetzlich möglich ist.

Das Ende der Nacht ist der Anfang eines neuen Tages; das Ende des Winters ist der Anfang des Frühlings, und so liesse sich eine grosse Anzahl von Analogien anführen, welche die Hypothese von der Entwickelung des Weltalls nach gleichen, wiederkehrenden Perioden (die Ansicht vieler Naturforscher) in mehr wie einer Beziehung verlockend erscheinen lassen. —

Alle leuchtenden Fixsterne strahlen fort und fort grosse Mengen von Wärme aus ohne ersichtlichen Wiederersatz. Schon sub I. aber ist gezeigt worden, dass die Wärmemenge, welche ein Weltkörper aus dem übrigen Weltall zurück erhält, so gut wie Null ist in Vergleich zur ausgestrahlten Wärmemenge, und es muss daher die Wärmeenergie, um welche alle leuchtenden Fixsterne fort und fort ärmer werden, auf den äthererfüllten Weltraum übergehen, da im Weltall keine Energie verloren gehen kann.

Der die Licht- und Würmestrahlen vermittelnde, den leeren Weltraum ausfüllende Aether erscheint ausserordentlich verdünnt, da aber, wie unten gezeigt wird, die Weltkörper durchschnittlich noch lange nicht den trillionensten Theil der entsprechenden, umgebenden Aetherräume ausfüllen, so stellt der Aether trotz seiner ausserordentlichen Verdünnung eine gewaltige Masse dar und ist daher fähig, Empfänger und Inhaber sehr grosser Quantitäten von Energie zu sein, und überdies ist es Thatsache, dass die dem Stoff verloren gehende Wärmeenergie auf den Aether übergeht.

§ 7. Alle seit unermesslieben Zeiten Wärme ausstrahlenden Fixsterne waren daher Inhaber viel grösserer Energie, welche auf den Aether des Weltraums übergegangen ist, und analog musste es in den vorausgesetzten früheren, immer gleichen Entwickelungsperioden sein. Mithin musste für den Beginn einer neuen Periode wo der Stoff im Wiederbesitz seiner vollen Energie (sonst wäre ja eine neue gleiche Periode unmöglich) sein soll, diese Energie aus dem Aether-Weltraum auf irgend eine Weise zurückerobert werden. Das könnte offenbar nur dadurch möglich (ob auch erreicht, ist eine andere Frage) werden, dass die betreffende kosmische Stoffmasse bis zur völligen Ausfüllung des ihrer Grösse entsprechenden Aetherraums ausgedehnt würde, und eine derartige Ausdehnung ist nur möglich resp. denkbar unter dem Einfluss einer durch Zusammensturz mit einer benachbarten Stoffmasse entwickelten enormen Wärmemenge.*)

Es kommt also darauf an, den Nachweis zu führen, ob durch Zusammensturz zweier oder mehrerer kosmischer Massen**) so viel Wärme resultiren würde, als nöthig ist, um die zusammengestürzten Massen bis zur völligen Ausfüllung der entsprechenden Aetherräume auszudehnen; nur in diesem Fall wäre es wenigstens möglich, dass der Stoff die auf den Aether übergegangene Energie zurückerobern könnte. —

Durch Zusammensturz aller Planeten zur Sonne würde nicht im Entferntesten so viel Wärme erzeugt werden, als zur Zerstreuung des gesammten Stoffs bis zur Ausfüllung eines Kugelraums von ca. 2 Billionen Meilen Radius (d. h. des Sonnensystem-Raums) erforderlich wäre, und ebenso würde zur Ausfüllung zweier solcher Räume die durch Zusammensturz zweier Fixsterne erzeugte Wärme auch nur annähernd nicht ausreichen. Diese Versicherung wird manchem genügen, vielen aber nicht, und darum wird die naturgesetzliche Begründung nöthig.

§ 8. Die beiden kosmischen Stoffmassen $m$ und $m'$, welche der Einfachheit***) halber gleich seien und im Abstande $r$ in Ruhe befindlich gedacht werden, ziehen sich nach dem Gravitationsgesetz einander an, fallen gegen einander und stossen endlich, nachdem die Fallgeschwindigkeit mehr und mehr angewachsen ist, mit gleicher Geschwindigkeit aufeinander. Wären nun $m$ und $m'$ absolut elastisch, so würden nach den Gesetzen des geraden Stosses elastischer Körper, die beiden gleichen Massen $m$ und $m'$ mit der erlangten gleichen Fallgeschwindigkeit $v = v'$ nach dem Stoss mit verwechselten Ge-

---

*) Alle aus etwaiger Verbrennung oder sonstigen Quellen resultirende Wärme würde ganz verschwindend klein und daher bedeutungslos sein in Vergleich zu der durch Zusammensturz kosmischer Massen hervorgehenden Wärme.

**) Ein solcher Zusammensturz braucht ja in Wirklichkeit gar nicht stattgefunden zu haben, er wird aber zur Aufrechterhaltung der Ewigkeit des Weltalls im vollen Ernst behauptet und muss darum genügend berücksichtigt werden.

***) Damit das ganze Kapitel möglichst vielen verständlich bleibe, kommt es darauf an, möglichst mathematische Formeln zu vermeiden. Jeder Sachverständige wird den Beweis auch für ungleiche Massen nach obigem Muster mit Leichtigkeit führen können.

schwindigkeiten zurückprallen. Da aber $v = v'$, so gehen beide Massen mit derselben Geschwindigkeit $v$ resp. $v'$ zurück, überwinden den Gravitationswiderstand, erlangen dabei allmälig ihre potentielle Energie (gegenseitigen Abstand) wieder und kommen endlich ebenso wie ihre Schwerpunkte genau an demselben Ort wieder an und zur Ruhe, von dem sie ausgegangen sind, so dass wieder ihr gegenseitiger Abstand $= r$ ist.

Hierbei ist wohl zu beachten, dass nun beide Massen zwar genau ihren ursprünglichen Abstand (potentielle Energie) wieder haben, dass aber keine Spur Wärmebildung oder Ausdehnung der Stoffmassen stattgefunden hat, was mit dem Gesetz von der Erhaltung der Energie vollkommen übereinstimmt. Es lässt sich hiernach schon vorläufig übersehen, dass, wenn die Energie des Stoffs zum Theil zur Wärmebildung und Zerstreuung des Stoffs verbraucht wird, nicht alle potentielle Energie, d. h. die Entfernung $r$, wiedergewonnen werden kann.

§ 9. Nun sind aber die Weltkörper nicht absolut elastisch, sondern sie können vielmehr geradezu als unelastisch angesehen werden, und unter sonst gleichen Bedingungen wie oben schreiben dann die Gesetze des geraden Stosses unelastischer Körper vor, dass die mit der gleichen Geschwindigkeit $v = v'$ zusammenstossenden unelastischen Massen $m$ und $m'$ nach dem Stosse ruhen, und dass die erzeugte Fallenergie $\left(\dfrac{m v^2}{2} = \dfrac{m' v'^2}{2}\right)$ nach dem Stosse in Wärmeenergie umgesetzt wird. Die daraus hervorgehende Wärme wird nun ausser anderem zu folgenden vier Zwecken verwendet: 1. Ein Theil dient zur Aenderung des Aggregatzustandes (Verflüssigung u. s. w., Disgregation). 2. Ein Theil der Wärme wird zur chemischen Zersetzung (Dissociation) verbraucht. 3. Ein weiterer Theil der Wärme wird zur Ausdehnung der Stoffmassen verwendet, und alle diese für die dreifache Arbeitsleistung verbrauchte Wärme erscheint verschwunden, während nur der übrige Rest den Stoffmassen $m$ und $m'$ in der Energieform Wärme verbleibt.

Es wird also nur ein Bruchtheil der aus dem Stoss hervorgehenden Wärme zur Ausdehnung der Stoffmassen $m$ und $m'$ verwendet. Da aber in dem früheren günstigsten Falle, wo die gesammte beim Zusammenstoss der absolut elastischen Massen resultirende Energie ausschliesslich zur Entfernung der Massen verwendet wurde, nur der ursprüngliche Abstand $r$ ohne Ausdehnung der Massen eben erreicht wurde, so kann in dem soeben besprochenen Fall des Zusammenstosses zweier unelastischen Massen, wo nur ein Bruchtheil der gesammten Energie des Stosses zur Ausdehnung verwendet wird, durch die ausgedehnten Stoffmassen auch nur ein Bruchtheil des Raums ausgefüllt werden, welcher der ursprünglichen Entfernung $r$ entspricht.

Nun kommt noch weiter hinzu, auch wenn nach dem Zusammenstoss durch Ausdehnung der Stoffmassen die entsprechenden Aetherräume voll ausgefüllt werden, dass die Energie des Aethers doch im günstigsten Falle zwischen Weltkörperstoff und Aetherstoff im Verhältniss der Masse beider vertheilt werden würde, dass also der Weltkörperstoff nur einen Bruchtheil der Aetherenergie erhalten würde. Dieser Weltkörperstoff kann aber, wie soeben gezeigt, nach dem Zusammenstoss durch Ausdehnung nur einen Bruchtheil der entsprechenden Aetherräume ausfüllen und würde folglich nur den Bruchtheil eines Bruchtheils der auf den Aether übergegangenen Energie anstatt der ganzen Energie zurückerobern können.

Für den Anfang jeder der wiederkehrenden, gleichen Perioden ist es, wie oben dargethan, unbedingt erforderlich, dass die kosmischen Massen ihre volle ursprüngliche Energie wieder inne haben; dass das aber niemals erreicht werden kann, ist soeben naturgesetzlich begründet worden. Folglich ist die Voraussetzung falsch, dass sich der Stoff nach immer wiederkehrenden, gleichen Perioden entwickeln könne, und damit ist auch die hierauf fussende Behauptung von der Ewigkeit des Weltalls hinfällig geworden.

§ 10. *B.* Unter der Voraussetzung, dass die Entwickelung des Stoffs im Weltall nach einer bestimmten Richtung hin erfolgt, ist endlich zu untersuchen, ob ein ewiges Bestehen des Weltalls nach der Vergangenheit möglich ist. Zu diesem Zweck ist folgendes festzuhalten:

1. Es ist Thatsache, dass die Wärmeenergie einer kosmischen Masse durch Ausstrahlung (Abkühlung) allmälig auf den Aether des Weltraums übertragen wird.

2. Die Wärmeenergie jeder endlichen kosmischen Masse, und nur solche existiren, muss in einer endlichen Zeit auf den Aether des Weltraums übergehen.

3. Ein Wiederersatz der verlorenen Wärmeenergie, sei es wirklich, sei es hypothetisch, kann allein aus dem Zusammensturz kosmischer Massen hervorgehen, weil im Vergleich hierzu jede andere Wärmequelle verschwindend klein und daher bedeutungslos ist. Die

Massen bilden auf Grund des Gravitationsgesetzes nach dem Zusammensturz eine zusammenhängende Masse.

Die vorstehende Voraussetzung der Stoffentwickelung ist unter allen übrigen die einzig begründete, weil mit der Wirklichkeit harmonirende, nachdem sub $A$ in erschöpfender Weise dargethan, dass die dem Stoff durch Wärmestrahlung an den Aether verloren gegangene Energie niemals voll zurückerobert werden kann. Aus diesem Grunde müsste aber ein endlich ausgedehntes Weltall mit seiner endlichen Menge von Stoff und Energie die letztere nach und nach in einer endlichen Zeit bis zur Temperaturausgleichung mit dem Aether des Weltraums, d. h. fast vollständig verlieren, und da dieses der Wirklichkeit widerspricht, so könnte in solchem Fall auch nicht von der Ewigkeit des Weltalls die Rede sein.

Schwieriger gestaltet sich jedoch die Untersuchung, wenn das Weltall unendlich gross anzunehmen ist, denn alsdann könnte die verloren gegangene Wärmeenergie immer wieder durch Zusammensturz neuer Massen ersetzt werden, und da dieser Process sich im unendlichen Weltall unendlich oft wiederholen könnte, so wäre ja wohl damit das ewige Bestehen des Weltalls einigermassen plausibel gemacht? Das würde indess nicht nur eine sehr oberflächliche, sondern auch eine falsche Schlussweise sein, wie die weitere Ermittelung zeigen wird.

Die angezeigte Schwierigkeit, den Verlauf der Entwickelung unendlich vieler Massen im unendlichen Weltall zu verfolgen, beseitige ich einfach dadurch, dass ich mir das unendlich grosse Weltall getheilt denke in unendlich viele natürliche Theile, wie solche in Form jener durch unermessliche Zwischenräume getrennten Sternhaufen, der sogenannten Welteninseln, vorhanden sind. Solcher Welteninseln würden zwar unendlich viele vorhanden sein, aber jede einzelne repräsentirte doch eine, wenn auch enorm grosse, dennoch endliche Stoff- und Energiesumme, und der Vortheil ist nun der, dass man anstatt mit unendlichen Grössen mit endlichen zu rechnen hat, während der Entwickelungsverlauf in allen unendlich vielen Theilen der analoge ist.

Das grösstmögliche Energiequantum, das eine solche Welteninsel zu leisten im Stande wäre, würde sein die gesammte ursprüngliche Eigenenergie sämmtlicher Massen, vermehrt um die gesammte in kinetische, also Wärmeenergie, um gesetzte potentielle Energie (Abstand aller Massen vom Schwerpunkt) des ganzen Systems, und dabei würde die gesammte Stoffmenge als einzige Riesenmasse um den Schwerpunkt des Systems angesammelt sein. Die resultirende Wärmemenge wäre zwar ungeheuer gross, aber jedenfalls eine endliche Grösse, weil sie aus endlichen Stoffmengen mit endlichen Entfernungen entstanden ist, und bei fortgesetztem naturgemässen Uebergang auf den Aether würde diese endliche Wärmemenge jedenfalls auch in endlichen Zeiten verbraucht sein.

Wenn daher die Welteninsel, zu der unser Sonnensystem gehört, seit Ewigkeit her bestände, so müsste ihre ganze Stoffsumme als einzige Riesenmasse von der Temperatur des Weltenraums vorhanden sein, und in dem gleichen Endzustand müssten sich alle übrigen Welteninseln befinden, was aber mit der Wirklichkeit im vollsten Widerspruch steht. —

§ 11. Es ist vielmehr in jeder Welteninsel von dem oben gekennzeichneten Energievorrath bis zur Gegenwart nur ein Bruchtheil verbraucht, und der Verbrauch eines solchen Bruchtheils von einem endlichen Ganzen erfordert umsomehr nur eine endliche Zeit. Vor dieser endlichen Zeit hat mithin kein Energieverlust oder Energieverbrauch an Stoff stattgefunden, also auch keine Entwickelung des Stoffs. Dann kann vor dieser endlichen Zeit auch überhaupt kein Stoff vorhanden gewesen sein, weil im Weltall vorhandener Stoff sich naturgesetzlich sofort und fortgesetzt entwickeln muss, und folglich muss vor dieser endlichen Zeit der Stoff des Weltalls durch eine übernatürliche Ursache erzeugt sein.

Dieser End- und Hauptschluss, dass die behauptete Ewigkeit des Weltalls eine Illusion ist, dass vielmehr der Stoff, aus dem sich das Weltall bis zur Gegenwart entwickelt hat, vor endlicher Zeit durch eine übernatürliche Ursache erzeugt worden ist, dieses Resultat ist für die folgenden Untersuchungen wohl im Gedächtniss zu behalten.

# Die Tangentialbewegung und die potentielle Energie.

**§ 12.** Unter dem gleichzeitigen Einfluss einer nach dem Schwerpunkt eines Stoffsystems gerichteten Centralkraft (Gravitationskraft) und einer darauf seitlich gerichteten, je nach den Bahnelementen mehr oder weniger senkrecht gerichteten Energie, der sog. Tangentialenergie (nicht Tangentialkraft), entstehen die kreisförmigen, elliptischen, parabolischen und hyperbolischen Bahnen der Weltkörper. Die Tangentialcomponente übertrifft die Centralcomponente gewöhnlich bedeutend; so fällt z. B. die Erde in jeder Sekunde nach der Sonne zu nur einige Millimeter, die Tangentialgeschwindigkeit der Erde beträgt dagegen 4 Meilen in der Sekunde. Um diese für das Weltall so überaus bedeutungsvolle Tangentialbewegung zu erklären, sind nun seit mehr als hundert Jahren die grössten Anstrengungen gemacht worden.

**§ 13.** Man hat zu diesem Zweck auf's Scharfsinnigste Stoffmassen combinirt und das gewonnene Stoffsystem untersucht, aber alle überaus schwierigen mathematischen Entwickelungen haben ausnahmslos nur Centralbewegung (Richtung nach dem Schwerpunkt), niemals Tangentialbewegung (seitliche Richtung) ergeben. Man hat die verschiedensten anderen Wege eingeschlagen, aber trotz aller Bemühungen ist das Resultat bisher immer nur ein negatives gewesen.

Man hat sich in scherzhafter Weise der Redewendungen bedient, Gott habe den Weltenbrei gleichsam mit dem Finger umgerührt, oder er habe den Stoffmassen zum Abschied einen Stoss auf die Reise mitgegeben (den sog. einmaligen Impuls), aber alles das konnte die Wissenschaft nicht befriedigen. Endlich hat man die Tangentialbewegung nach materialistischen Principien also interpretirt:

Die Ureigenschaft des Stoffs kann Ruhe oder Bewegung sein. Nun wohl, sie ist Bewegung, und damit ist das Problem gelöst.

**§ 14.** Diese Schlussweise ist abermals nicht bloss sehr oberflächlich, sondern sie ist auch falsch. Denn es giebt nur eine einzige, d. h. absolute Ruhe*), aber nicht eine allgemeine, so zu sagen

---

*) Wohl ist uns kein materieller oder ideeller Punkt mit absoluter Ruhe im Weltall bekannt, noch können wir bis jetzt die absolute (nur die relative) Geschwindigkeit eines Körpers bestimmen, aber mit Rücksicht darauf, dass die Geschwindigkeit einer Masse durch $v$, ihre Energie aber durch $\frac{1}{2}mv^2$ auszudrücken ist, erscheint es nicht unmöglich, aus Differenzen oder Summen

verschwommene Bewegung. Vielmehr sind unendlich viele Bewegungen möglich in Bezug auf die Richtung, und da jeder bewegte Körper eine bestimmte Richtung haben muss, so war dazu eine speciell bestimmende Ursache erforderlich. Ferner sind unendlich viele Bewegungen möglich in Bezug auf die Geschwindigkeit, und da jeder Körper (ohne gleichzeitige Nebenwirkungen) eine bestimmte Geschwindigkeit haben muss, so war zum zweiten Mal eine speciell bestimmende Ursache dazu erforderlich. Wie oft und wie weit wir nun auch diese beiden speciell bestimmenden Ursachen verschieben mögen, sie führen dennoch immer auf die übernatürliche Ursache des Weltalls zurück, und insofern sind sie als ein doppelter Beleg für das Dasein der Welturache anzusehen.

Ich gebe nun folgende Erklärung von dem Entstehen der Tangentialbewegung: Uebereinstimmend mit vorstehenden Erörterungen habe ich im vorhergehenden Artikel bewiesen, dass der Stoff des Weltalls von der Welturache vor endlicher Zeit erzeugt ist. Diese gewaltige Stoffmenge ist selbstverständlich nicht mit einem Schlage in's Dasein getreten, sondern der Zeit nach hinter einander und an verschiedenen Orten. Damit ist aber alles gegeben, um nicht nur das Entstehen der Tangentialbewegung, sondern zugleich auch noch das weitere Problem von der Ursache der potentiellen Energie (Abstand der Stoffmassen) im Weltall in überraschend einfacher Weise zu erklären.

Es seien die getrennten Stoffmassen $a$ und $b$ erzeugt, so gravitiren sie nach ihrem virtuellen Schwerpunkt $p'$ in Form von geradliniger (Central-) Bewegung. Nach einiger Zeit trete die erzeugte Masse $c$ an einem dritten Orte hinzu, so bildet sich aus dem System $a$, $b$ und $c$ ein neuer virtueller Schwerpunkt $p''$, nach welchem $c$ wieder geradlinig gravitirt, wogegen $a$ und $b$ bereits krummlinige Bahnen mit seitlichen oder tangentialen Bewegungsrichtungen beschreiben, weil durch die Verrückung des virtuellen Schwerpunkts die ursprüngliche Bewegungsrichtung von $a$ und $b$ mit der neuen Rich-

---

von Energien bei gleichzeitiger Vermehrung oder Verminderung durch dieselbe Energie (z. B. durch eine gespannte Feder) die absolute Geschwindigkeit einst zu bestimmen. Wenn uns dies aber auch niemals gelingen sollte, so existirt dennoch im Weltall, gleichgültig, ob wir es ermitteln können oder nicht, die absolute Geschwindigkeit und wahrscheinlich momentweise für dieses oder jenes Atom die absolute Ruhe. Ohne alle Frage aber wird die Welturache ein sicheres Kriterium für absolute Ruhe und Geschwindigkeit haben.

tung sich combinirt. Gleichzeitig sind aber auch die Stoffmassen $a$, $b$ und $c$ Inhaber von potentieller Energie geworden. Sobald nun die Welturcache mit den neu hinzutretenden Massen planmässig nach Orts- und Zeitwahl verfuhr, und das ist sicher geschehen, konnte sie jede beabsichtigte Tangentialbewegung nach Geschwindigkeit und Richtung und ebenso jede beabsichtigte potentielle Energie in dieser wunderbar einfachen Weise hervorrufen\*), hatte also durchaus nicht nöthig, den Weltenbrei mit dem Finger umzurühren, oder den einzelnen Stoffmassen einen Stoss (Impuls) zu verabreichen. —

Es leuchtet ferner ein, dass hiernach die ursprünglichste Form der Energie im Weltall die potentielle Energie (Entfernung des Stoffs) ist, welche sich zum Theil in Tangentialenergie, und bei sicher oft wiederholten Zusammenstössen der Stoffmassen in Wärmeenergie umgesetzt hat, aus welcher wieder alle anderen Formen der kinetischen Energie sich ableiten lassen.

Dass nach der Kant-Laplace'schen Theorie infolge Zusammenziehung des eventuellen Gasballs die Tangentialgeschwindigkeit allmälig vergrössert wird, ist als bekannt vorauszusetzen.

So leicht begreiflich erscheint diese Erzeugung von potentieller Energie und Tangentialbewegung, weil man mit gewohnten Begriffen: Entfernung von Stoffmassen, Gravitation, Bewegung u. s. w. zu thun hat; vielleicht ebenso überraschend einfach würde uns der hehre Schöpfungsact, die Erzeugung des Stoffs erscheinen, wenn das menschliche Begriffsvermögen übernatürlicher Begriffe fähig wäre. —

§ 15. Hieran schliesst sich naturgemäss die Frage, ob das Weltall unendlich oder endlich ausgedehnt sei. Fast ausschliesslich herrscht unter den Gelehrten die erstere Ansicht vor, einmal weil man mit den besten Fernröhren noch kein Ende gesehen hat, besonders aber weil man, die Ewigkeit des Weltalls voraussetzend, meinte, dass andernfalls kein ewiger Bestand möglich sei. Freilich ist ein solcher ewiger Bestand des Weltalls mit dem gegenwärtigen Zustande, wo die Fixsterne noch leuchten, nicht möglich, aber ebensowenig bei endlicher wie bei unendlicher Ausdehnung, das geht aus dem Beweise des vorigen Artikels vollauf hervor. Andrerseits aber steht es jedem frei, da die Frage über die Ausdehnung des

---

\*) Die Frage nach dem Woher? der Energie und Rotation des Gasballs in der Kant-Laplace'schen Weltbildungstheorie war bisher eine offene. Durch Obiges ist sie nebenbei beantwortet.

Weltalls nicht endgültig zu entscheiden ist, die unendliche Ausdehnung des Weltalls anzunehmen. Gerade auf diese Ansicht habe ich bei der Beweisführung im vorhergehenden Artikel ganz besondere Rücksicht genommen, denn andernfalls, d. h. bei Voraussetzung eines endlich ausgedehnten Weltalls (auch diese Ansicht ist im Beweise gebührend berücksichtigt) würde ich ungleich schneller und leichter zum erstrebten Ziele gelangt sein.

Jedoch *audiatur et altera pars*. Durch die Tangentialbewegung der Planeten ist eine unermessliche Bestandzeit des Sonnensystems gesichert. Ferner hat die Sonne mitsammt den Planeten fortschreitende Bewegung im Weltraum, die keine Centralbewegung sein kann, weil sonst die daraus folgende enorm schnell wachsende Beschleunigung eine baldige Verschiebung der Sternbilder ersichtlich machen würde. Vielmehr ist die fortschreitende Bewegung des Sonnensystems eine Tangentialbewegung, und wenn auch die Systeme höherer Ordnung, d. h. die sog. Welteninseln eine Tangentialbewegung haben, so würden diese Systeme höherer Ordnung bei endlicher Ausdehnung des Weltalls sehr wohl befähigt sein, um einen Centralpunkt, d. h. um den virtuellen Schwerpunkt sämmtlicher Systeme eine Umlaufsbewegung auszuführen, und der Bestand dieses endlich ausgedehnten Weltalls würde für so unermessliche Zeiträume gesichert sein, dass wir sein endliches Schicksal ganz unbesorgt der Weltursache anheimstellen können.

Dass wir mit unseren Fernröhren nicht bis zum eventuellen Ende des Weltalls vordringen können, beweisst die Grossartigkeit des Weltalls, aber durchaus nichts in Bezug auf seine endliche oder unendliche Ausdehnung.

Sehr bedeutend in's Gewicht fällt dagegen folgendes Argument: Wir sind bei oberflächlicher Prüfung oder wenn die zur Prüfung dienenden Instrumente nicht vollkommen genug sind, gewöhnlich geneigt, in entsprechenden Fällen von „unendlich klein resp. unendlich gross" zu reden (und ich lasse eine ganze Menge von hierher gehörigen bekannten Beispielen der Kürze halber unberührt), immer und ausnahmslos hat sich aber herausgestellt, dass einer strengeren Prüfung gegenüber im Verein mit vervollkommneten Instrumenten- und geistigen Hilfsmitteln nichts Materielles weder unendlich klein, noch unendlich gross befunden worden ist; vielmehr hat sich immer gezeigt, dass alles Materielle begrenzt ist. Und aus diesem Grunde bin ich der Ansicht, dass auch das Weltall, wenn auch über alle Vorstellung gross, dennoch endlich ausgedehnt ist.

Ebenso gut mag man aber auch, wie gesagt, der entgegengesetzten Ansicht huldigen, die vorhergehenden wie nachfolgenden Resultate genügen beiden Anschauungen.

## Das „Urgesetz" und die Grundlagen des Weltalls.

**§ 16.** I. Der Dualismus mit seiner gesonderten Anschauung von Stoff und Kraft liefert zwei Gespenster. Der Monismus, für den, wenn er consequent verfahren würde, Stoff und Kraft eins sein müsste, würde ein wesenloses Gespenst erzeugen; so sind z. B. die mehrfach behaupteten „Kraftcentren" oder „Kraftpunkte" doch gar zu offenbar wesenlose „Nichtse".

Um nun die Einheit zu retten, so weit sie noch zu retten war, wurde die monistische Anschauung resp. monistische Forschung gezwungen, folgende Wege einzuschlagen: Der Aether, als Vermittler der Licht- und Wärmestrahlen, konnte entschieden nicht aufgegeben werden, und da die übrigens höchst geistreichen Bestrebungen, den Weltkörperstoff als eine Form des Aethers darzustellen, bisher keine praktische Bedeutung erreichen konnten, so musste auch der Weltkörperstoff anerkannt werden. Ferner hatte man die Wahl zwischen der durch Fernwirkung schwer verständlichen Kraft und der scheinbar viel leichter verständlichen Energie; also entschied man sich für die Energie und versuchte die Kraft auf Energie zurückzuführen. Nach monistischen Principien erschien es nun aber ferner nöthig, die Urenergie dem Aether zuzuerkennen, so dass alle Kraft- und Energiewirkungen am Stoff von der Aetherenergie ausgingen. Zu diesem Zweck war man daher zu der weiteren Hypothese gezwungen, dass den elastischen Aethermolekülen fortschreitende Bewegung zuzuertheilen sei. —

Die eingehende Besprechung und Prüfung dieser Theorie ist der II. Abtheilung vorbehalten, hier soll nur kurz auf einiges Bezügliche hingedeutet werden. In den Aethermolekülen muss eine Kraft wirksam sein, welche den Stoff der Moleküle zusammenhält (Cohäsionskraft), weil sie sonst bei jedem Zusammenstoss in undefinirbaren Nebel zerstäuben würden, und es erscheint von principieller Bedeutung, dass die verpönte, fortzuweisende Kraft in der Theorie schon beim ersten Schritt doch wieder zu Tage tritt. Sodann muss ein die Elasticität der Aethermoleküle erzeugendes, kraftartiges aber günzlich unverständliches Ding angenommen werden, und endlich wird man bei der Theorie der Lichtwellen gezwungen (s. später) eine Anziehung der Aethermoleküle vorauszusetzen. Zieht man nun die Resultate aller dieser Hypothesen zusammen, so hat man neben Weltkörperstoff und Aetherstoff drei Kräfte und die Aetherenergie, welcher die mehr als schwere Aufgabe zufällt, alle Kraft- und Energiewirkungen zu erklären, und durch diese Sechsheit geht die so viel gerühmte Einheit des Monismus schon von vornherein doch gar zu arg in die Brüche.

So wenig befriedigt die in der Wissenschaft jetzt fast allein herrschende monistische Anschauung schon in den ersten Grundlagen, und mit den Consequenzen sieht es noch viel übler aus (Abth. II), die übrigen modernen Weltanschauungen sind noch viel weniger befähigt, bei consequenter Durchführung eine Erklärung des Weltalls im Grossen wie im Kleinen zu ermöglichen; darum galt es, den richtigen Wegweiser zu finden, welcher zu einer begründeteren, in sich übereinstimmenderen Weltanschauung führte. Viele verlockende Um- und Irrwege haben mich lange vom erstrebten Ziel abgelenkt, bis ich endlich fand, dass ich den gesuchten Wegweiser immer übersehen hatte, weil er, wie so oft in ähnlichen Fällen, gar zu nahe lag. —

§ 17. Es musste, sagte ich mir, dieser Wegweiser, dieses Urgesetz, welches sich im Aufbau des ganzen Weltalls und in allen seinen daraus hervorgehenden Beziehungen verwirklicht, dieses Urgesetz musste offenbar bereits in der ersten Grundlage des Weltalls, im Urstoff, verwirklicht sein und sich analytisch daraus ableiten lassen.

Stoff und Kraft, weil gänzlich heterogen, sind niemals additionsfähig; es können daher diese heterogenen Gegensätze nur in der Form eines Verhältnisses in Beziehung zu einander treten, und daraus geht, wie es Thatsache*) ist, ein einheitliches Produkt hervor. Folglich lautet dieses „Urgesetz des Weltalls", dieses Gesetz mit dem unscheinbaren Ausdruck, aber, wie sich zeigen wird, mit der unermesslichen Tragweite:

„Ausgleich der gegensätzlichen Verhältnisse „zum einheitlichen Produkt"

---

*) Der Versuch, diese Thatsache ergründen zu wollen, würde in das Gebiet des Uebernatürlichen hinüberführen, zu dessen Verständniss das menschliche Begriffsvermögen nicht ausreicht. Deshalb sind in dieser Schrift alle übernatürlichen Speculationen ausgeschlossen; wir haben uns mit der Thatsache zu begnügen.

oder zu einem Wort concentrirt: „Dualismusmonismus". Dass dieses „Urgesetz" von den modernen Chimären himmelweit verschieden ist, wird der Leser, wenn er nur ein wenig Geduld und Aufmerksamkeit dem Folgenden entgegenbringt, sehr bald herausfinden, und ebenso schnell werden seine etwaigen Zweifel in Bezug auf die Tragweite schwinden.

Das „Urgesetz" ist 1. abgeleitet aus einer Thatsache, welche uns zwar, weil sie in das übernatürliche Gebiet hinüberreicht, unverständlich ist, aber trotz alledem eine Thatsache ist und bleibt, und es hat dieses Gesetz nun 2. an Thatsachen die Probe zu bestehen und sich zu bewähren.

Als erste Consequenz des Urgesetzes erscheint natürlich der Urstoff, denn daraus ist es ja abgeleitet: Die gegensätzlichen Verhältnisse von Stoff und Kraft gleichen sich aus zum einheitlichen Produkt, dem Urstoff*). Sowohl Stoff als Kraft sind die unveräusserlichen, die Grundeigenschaften des Urstoffs.

Tritt zum Urstoff die Entfernung hinzu, so resultirt in Form der beiden entfernten Stoffmassen ein System mit potentieller Energie. Der Ausgleich der gegensätzlichen Verhältnisse der beiden entfernten Stoffmassen zum einheitlichen Produkt, zum potentiellen System erscheint daher als zweite Consequenz des „Urgesetzes".

Das allbekannte Gravitationsgesetz mit seiner ebenso allbekannten Bedeutung und Formel lautet in Zeichen

$$k = f \frac{M\,m}{r^2},$$

worin bekanntlich $k$ die Grösse der Anziehungskraft der beiden Massen $M$ und $m$ in der Entfernung $r$ bedeutet, während die Bedeutung des „causalen" Factors $f$ sogleich klargestellt werden wird. Die gegensätzlichen Verhältnisse der beiden Massen sind $\frac{M}{r}$ und $\frac{m}{r}$, der Ausgleich zum einheitlichen Produkt $\frac{M\,m}{r^2}$, welches durch den „causalen" Factor $f$ näher bestimmt wird. Man schreibe das Gravitationsgesetz

---

*) Die Wissenschaft unterscheidet Masse und Gewicht. Im Sprachgebrauch dagegen sind Stoff, Stoffmasse, Materie, Urstoff von willkürlicher Bedeutung. Oben bedeutet Stoff den Stoff ohne Kraft, sonst fast ausnahmslos den sog. mit Kraft begabten Stoff, jedenfalls geht die Bedeutung immer sofort aus dem Sinn des Satzes hervor. Analog wird ja selbst Kraft und Energie in der Wissenschaft noch häufig verwechselt.

$$k : f = \frac{M\,m}{r^2} : \frac{\mu\,\mu}{\varrho^2},$$

wo $\mu$ Masseneinheit und $\varrho$ Entfernungseinheit bedeutet, in welche Einheiten auch $M$, $m$ resp. $r$ auszudrücken sind, so ist das letzte Glied der obigen Proportion $= 1$; man sieht aber auf dem ersten Blick, dass es nach demselben Gesetz, d. h. nach dem „Urgesetz", gebildet ist, wie das vorhergehende Glied, auf welches also der entsprechende Factor $f$ modificirenden oder bestimmenden Einfluss hat, und folglich ist das Gravitationsgesetz eine doppelte Consequenz des „Urgesetzes". Sehr bald wird dargethan werden, dass ein anderes wichtiges Gesetz eine dreifache Consequenz des Urgesetzes darstellt.

§ 18. Ganz parallel laufen die Vorgänge beim Aether. Um Missdeutungen vorzubeugen, nehme ich meine Aethertheorie aus Abth. II in kurzen Grundzügen voraus. Sowie dem Weltkörperstoff Anziehungskraft zukommt, ganz gleich, wie dieselbe zu erklären ist, so kommt dem Aetherstoff Abstossungskraft zu, ganz gleich, wie dieselbe zu erklären ist. Da es aber widersinnig ist, dass derselbe Aetherstoff als Grundeigenschaft Abstossungskraft und in Form der Cohäsionskraft der Moleküle Anziehungskraft habe, so kann der Aether nicht aus Molekülen bestehen, sondern muss ein den Raum völlig erfüllendes Continuum darstellen, dessen absolute Elasticität aus dem Gesagten in der anschaulichsten, verständlichsten Weise von selber folgt. Also für den Aether die Continuitätstheorie, für den Weltkörperstoff die Atomtheorie sind vorderhand bedingungsweise anzuerkennen, bis sie in der II. Abth. begründet sind.

Ohne Weiteres wieder ergiebt sich als abermalige Consequenz des „Urgesetzes", dass sich die gegensätzlichen Verhältnisse des Aetherstoffs und der Abstossungskraft zum einheitlichen Produkt, dem „Aether", ausgleichen.

Sowie die Gravitation zweier oder mehrerer Stoffmassen als Anziehung erscheint, so erscheint die Abstossung in einem Quantum des elastischen Aethercontinuums als Druck, was sicher wenigstens leicht verständlich ist, wenn man anstatt Entfernung der unmöglichen Aethermoleküle „Grad der Verdünnung" des elastischen Aethercontinuums, und anstatt Nähe der Aethermoleküle „Grad der Verdichtung des Aethers" einstellt.

Sowie mehrere entfernte Stoffmassen ein System mit potentieller Energie darstellen, so stellt ein Quantum des elastischen Aethercontinuums je nach dem Grad seiner Dichte ein System mit potentieller Energie dar.

Die gegensätzlichen Wirkungen der mehr oder weniger verdichteten Aethertheilchen eines Aetherquantums zum einheitlichen Produkt zusammengefasst, ergeben ein Aethersystem mit potentieller Energie, was, ganz entsprechend dem obigen potentiellen Weltkörperstoff-System, eine abermalige Consequenz des Urgesetzes anzeigt.

Tritt endlich der Urstoff in der Form des Atoms mit dem Aether in Wechselwirkung, so gleichen sich die gegensätzlichen Verhältnisse von Atom und Aether aus zum einheitlichen Produkt; das ist das Atom mit seiner Aetherhülle*). Also wieder eine neue Consequenz des „Urgesetzes".

§ 19. Es ist nun zu prüfen, wie sich das „Urgesetz" zur allgemeinen Entwickelung des Stoffs verhält. Alles Entwickelungsfähige, also auch das Organische (Organisirte), unterliegt dem allgemeingültigen Entwickelungsgesetz, welches in seiner allgemeinen Form lautet:

*A.* „Durch Wechselwirkung der inneren und äusseren Ein-„flüsse werden Zustandsänderungen hervorgerufen."

*B.* „Infolge dessen geht aus der Entwickelungsgrundlage „je nach ihrer Entwickelungsfähigkeit die abgeänderte Entwicke-„lungsgrundlage hervor."

*C.* „Indem die durch fortgesetzten Entwickelungsprocess ab-„geänderten Eigenschaften der herangereiften Entwickelungsgrund-„lage auf den Abkömmling je nach dem Grade seiner Eindrucks-„fähigkeit übertragen werden, geht daraus das in Form der Ver-„erbung angehäufte Entwickelungsresultat hervor."

Das obige Gesetz ist ebenso gültig für Weltkörper, als für das organische sowie für das geistige Gebiet, nur hat man je nach dem Gebiete die entsprechenden Ausdrücke einzustellen. Setzt man z. B. oben *A* ein für „innere Einflüsse" „Anpassung an die gegebenen Verhältnisse", für „äussere Einflüsse" „Kampf um's Dasein" und für „Zustandsänderungen" „abgeänderte Eigenschaften", so erhält man den

---

*) Da sich die hierauf beziehenden Resultate der II. Abth. unmöglich kurz zusammenfassen lassen, so genüge vorläufig die Versicherung, 1. dass obiges sowie das in der II. Abth. angewandte Atom mit seiner Aetherhülle von dem *Redtenbacher*'schen Dynamid nach allen Richtungen hin ganz und gar verschieden ist, dass das Atom namentlich die Wärmebewegung selbst ausführt; 2. dass seine Existenz durch eine Reihe von bedeutsamen Thatsachen (Abth. II) begründet ist; 3. dass dieses Atom mit Aetherhülle ferner an einer Reihe von Thatsachen erprobt wird und dabei in ungeahnter Fülle Licht in bisher dunkle Vorgänge bringt (s. auch § 94 am Ende).

Specialfall des organischen Entwickelungsgesetzes. Die Entwickelung in aufsteigender Richtung (positive) ist Vervollkommnung, in absteigender Richtung (negative) Verkümmerung.

Es dürfte wohl verzeihlich sein, wenn bei der ersten Aufstellung dieses Gesetzes der Ausdruck mangelhaft ist; dem werden die ausgezeichneten Forscher im Gebiet der organischen Entwickelung bald abhelfen. In seinen Grundzügen ist dieses Gesetz richtig und ferner so klar, anschaulich, ja selbstverständlich, dass es kaum einer Begründung bedarf. Mit Rücksicht auf Anlage und Umfang dieser Schrift werde ich es darum nur kurz commentiren.

Die gegensätzlichen Beziehungen der inneren und äusseren Einflüsse gleichen sich aus zum einheitlichen Produkt, der Zustandsänderung (kurz: abstracter Ausgleich). Das ist die erste Consequenz des „Urgesetzes".

Das Resultat von $A$ wirkt modificirend und bestimmend auf $B$, genau nach Analogie des causalen Factors $f$ im Gravitationsgesetz und infolge dessen geht aus der Entwickelungsgrundlage je nach ihrer Entwickelungsfähigkeit die abgeänderte Entwickelungsgrundlage hervor. Eine Entwickelungsgrundlage ohne Entwickelungsfähigkeit ist ein Unding und umgekehrt, beide sind gegenseitig oder gegensätzlich, beide werden auch gleichzeitig durch das Resultat $A$ modificirt. Beispiel: Ein Schüler mit gewissen sprachlichen Anlagen lernt lateinisch. Dass durch das Resultat $A$ der Schüler als Entwickelungsgrundlage modificirt wird, ist an sich klar, aber auch die Entwickelungsfähigkeit ist gleichzeitig modificirt, denn der Schüler wird nun alle Sprachen leichter lernen, denen das Lateinische zur Basis dient.

Die nach $A$ bestimmten gegensätzlichen Verhältnisse der Entwickelungsgrundlage und ihrer gradweisen Entwickelungsfähigkeit gleichen sich aus zu dem Gesammtergebniss, der abgeänderten Entwickelungsgrundlage (kurz: concreter Ausgleich). Das ist die zweite Consequenz des „Urgesetzes".

Bei fortgesetztem Entwickelungsprocess tritt die abgeänderte Entwickelungsgrundlage immer von neuem wieder als Entwickelungsgrundlage ein, und vorausgesetzt, dass keine verstümmelte oder abgebrochene, sondern eine normale oder fortlaufende Entwickelung vorliegt, so muss über lang oder kurz der Fall eintreten, dass aus der durch den fortgesetzten Entwickelungsprocess mehr und mehr heranreifenden Entwickelungsgrundlage ein oder mehrere Abkömmlinge hervorgehen, sei es in der Form von Theilen\*), sei es in der Form von Theilung (Zellen) oder durch geschlechtlichen Act (Thiere). Alsdann wirken die Resultate (von $A$ zusammen mit $B$) des fortgesetzten Entwickelungsprocesses, genau nach Analogie des Gravitationsfactors $f$, modificirend und bestimmend sowohl auf die Entwickelungsgrundlage als Erzeuger, als auch gleichzeitig auf den Abkömmling. Die daraus sich ergebenden gegensätzlichen Verhältnisse (wie sie aus dem Gesetz in $C$ leicht ersichtlich sind, die ich aber der Kürze halber hier nicht wiederhole) gleichen sich aus zum einheitlichen Entwickelungsresultat, in Form der Vererbung angehäuft (kurz: realer Ausgleich). Das ist die dritte Consequenz des „Urgesetzes".

Das Entwickelungsgesetz giebt nebenbei an, wie Anpassung, Kampf um's Dasein und Vererbung rangiren.

Zur Veranschaulichung seien in gedrängtester Kürze fragmentarisch drei Beispiele interpretirt, wobei die Ausdrücke der betr. Formeln $A$, $B$, $C$ im Gesetze selbst nachzusehen sind.

Erstes Beispiel der glühende Erdball. $A$: Glühhitze, Kälte des Weltraums, Abkühlung. $B$: Glühender Erdball, der Grad von dessen Ausstrahlungsvermögen, die allmälig sich abkühlende Erde. $C$: Die hinreichend abgekühlte Erde bildet Theile (Meere, Länder, Atmosphäre u. s. w.), in welchen je nach dem Grade der Eindrucksfähigkeit sich die durch bisherige Entwickelung (Abkühlung und Folgen) bedingten Eigenthümlichkeiten geltend machen. Das Entwickelungsresultat ist die Entwickelungsstufe der Erde je nach der Epoche. Analog ist die Entwickelung eines Fixsternsystems, einer Welteninsel, des gesammten Weltalls zu verfolgen.

Zweites Beispiel das Thier: $A$ und $B$ bekannt. $C$: Das herangereifte Thier erzeugt Nachkommenschaft, in welcher je nach der Eindrucksfähigkeit die seitherigen Eigenschaften sich geltend machen. Das Entwickelungsresultat ist die in Form der Vererbung angehäufte Entwickelungsstufe im Sinne der Art, Gattung u. s. w.

Drittes Beispiel die Entwickelung des Geistigen. $A$: Anlagen, Aussenwelt, geistige Eindrücke; $B$: Mensch, dessen geistige Entwickelungsfähigkeit, der Mensch in Bezug auf gradweise geistige Entwickelung; $C$: die seitherigen geistigen Errungenschaften werden je nach dem Grade der Empfänglichkeit (Zeitrichtung) auf die Nach-

---

\*) Z. B. aus dem glühenden Erdball würden im Laufe des Entwickelungsprocesses bei genügender Abkühlung als Theile hervorgehen: Meere, Ländermassen, Atmosphäre u. s. w.

welt übertragen, und das Entwickelungsresultat ist die geistige Entwickelungsstufe der Menschheit je nach der verfolgten Richtung, z. B. im Sinne der Sprachentwickelung, der Kunst (positiv Vervollkommnung, negativ Verkümmerung) oder im Sinne der erreichten Stufe der Weltanschauung u. s. w.

Das allgemeine Entwickelungsgesetz ist nicht nur gültig in allgemeinen, sondern auch in speciellen Fällen. Je nach dem speciellen Fall wird dann als Entwickelungsresultat einzustellen sein der Abkömmling selbst oder eine specielle Eigenschaft (schwarze Farbe, verfeinerte Wolle, Form der Blüthe) u. s. w.

Man hat sich mehrfach um ein organisches Entwickelungsgesetz bemüht; es war ein dreifach verriegeltes Schloss, welches mit dem Urgesetz als Schlüssel leicht zu öffnen war. Man hat wiederholt nach Fühlung mit dem Gravitationsgesetz gesucht, doch umsonst; denn sowohl das Gravitationsgesetz als das allgemeine Entwickelungsgesetz sind Ausflüsse des „Urgesetzes"; das Gravitationsgesetz ist die *consequentia duplex*, das allgemeine Entwickelungsgesetz ist die *consequentia triplex* des „Urgesetzes".

§ 20. Die Tragweite des „Urgesetzes" macht sich in zahllosen Fällen anderweitig geltend, ich werde nur einige Belege von besonders hervorragender Bedeutung namhaft machen:

Der Mensch ist das einheitliche Produkt der gegenseitigen Wechselbeziehungen von Körper und Geist. Der Materialismus und der damit fast völlig identische Monismus mühen sich ab, das Geistige aus dem Materiellen und das Materielle aus dem Geistigen zu erklären; sie werden es aber niemals fertig bringen. Der Mensch ist auch nicht, wie der Dualismus meint, Körper plus Geist*) (gleichsam ein $a + b$), sondern der Mensch ist, wie der Dualismusmonismus aus dem „Urgesetz" begründet (gleichsam ein $a \times b$, d. h.) das einheitliche Produkt der gegenseitigen Wechselbeziehungen von Körper und Geist. Daher kann bei der Frage über die Fortdauer nach dem Tode nur eine übernatürliche Daseinsform in Betracht kommen, da aber Speculationen im Gebiet des Uebernatürlichen hier ausgeschlossen sind, so ist von weiteren Erörterungen abzusehen.

Die gegensätzlichen Verhältnisse des Männlichen und Weiblichen sind ausgeglichen im einheitlichen Produkt der Befruchtung. —

---

*) Darum sind die „spiritistischen Lehren" gänzlich unhaltbar; sie sind nach meiner Ueberzeugung ebenso unmöglich wie das *perpetuum mobile*.

Ein System von Körpern mit differirenden Bewegungen geht allmälig über in den Zustand der geringsten Reibung. Die gegensätzlichen Verhältnisse der Gravitation und der Tangentialbewegung gleichen sich aus zum einheitlichen Produkt, der Kreisbahn oder entsprechender Bahnen. Wer die Bedeutung der „Wechselwirkung" im Weltall sowohl im Grossen wie im Kleinen verfolgt und diese Bedeutung auch nur einigermassen erfasst hat, der weiss, dass dieses einzige Wort „Wechselwirkung" hinreichen würde, das „Urgesetz" und damit gleichzeitig den Dualismusmonismus vollauf zu begründen und deren grosse Tragweite zu veranschaulichen. —

Der Dualismus liefert nicht nur Gespenster, sondern ist selbst ein Gespenst, und ebenso ist der vielgenannte Monismus ein wesenloses Ding, beide sind einseitig und existenzunfähig. Durch Ausgleich der gegensätzlichen Beziehungen des Dualismus und Monismus geht als einheitliches Produkt der existenzkräftige Dualismusmonismus hervor.

§ 21. Eine Unzahl von bestätigenden Belegen für das „Urgesetz" und den Dualismusmonismus liefert die Chemie, woraus zugleich zwei Erweiterungen ersichtlich sind. Zuerst ist klar, sowie sowohl zwei als auch beliebig viele entfernte Stoffmassen ein System mit potentieller Energie bilden können, dass auch in dem chemischen Mikrosystem, dem Molekül, zwei oder mehrere Gegensätze werden zum Ausgleich gelangen können. Zweitens aber lehrt die Chemie, dass dieser Ausgleich sowohl ein vollständiger als auch ein unvollständiger sein kann.

In der Salpetersäure z. B. erscheint das Wasserstoffatom $H$ und der Salpetersäurerest $NO_3$ nicht vollständig ausgeglichen, ebenso ist in dem Kaliumhydroxyd der Ausgleich des Kaliumatoms $K$ und des Wasserrests $OH$ ein unvollständiger, durch Reaction von Salpetersäure und Kaliumhydroxyd wird aber der Ausgleich so vollständig, dass das einheitliche Reactionsprodukt, der Salpeter, als indifferente Verbindung gilt, trotzdem die gegensätzlichen Componenten noch wohl ersichtlich sind.*) Dagegen existiren in der Chemie viele in-

---

*) Ganz analog sind auch in vielen anderen Gebieten die existenzfähigen Gegensätze nur zum Theil ausgeglichen. So hat das Weib Verschiedenes vom Mann (z. B. Bart), der Mann Verschiedenes vom Weib (z. B. Brüste). Dieser theilweise Ausgleich existenzfähiger Gegensätze ist bisher echt materialistisch-monistisch ausgelegt worden, aber ganz mit Unrecht, und dieses klar zu stellen, würde wie in allen den complicirten biologischen Fragen endlose

differente Verbindungen, wo diese Gegensätze nicht ohne Weiteres hervortreten, und das war besonders der Grund, weshalb man die frühere dualistische Anschauung aufgeben und die monistische Anschauung zu der gegenwärtig in der Chemie allein herrschenden erklären musste.

Nun wolle man aber Folgendes erwägen: Erstens treten in den gedachten indifferenten, so zu sagen rein monistischen Verbindungen die versteckten Gegensätze schon sofort hervor, wenn man Substitutionen vornimmt; sodann existirt von derartigen, durchschnittlich weniger studirten Verbindungen gewöhnlich keine Constitutions- oder Structurformel. Ist diese nur erst herausgefunden, so gestaltet sich das Urtheil nunmehr ganz anders. Denn in diesen Structurformeln mit ihren scharf markirten gegensätzlichen Gruppen, deren Ausgleich zum einheitlichen Produkt das Molekül darstellt, giebt die monistische Anschauung ein zwar unwillkürliches, aber um so schwerer in's Gewicht fallendes Zugeständniss ihrer völligen Unhaltbarkeit.

Wollte der Monismus seine Existenz in der Chemie noch einigermassen zu retten versuchen, indem er darauf hinweist, dass durch den höchsten Grad der Dissociation es in einigen Fällen gelungen ist, ein zweiatomiges Molekül in die einzelnen bestandfähigen Atome zu spalten, so erreicht er auch damit nichts, denn gerade das Atom mit seiner Aetherhülle (welches von dem *Redtenbacher'*schen Dynamid ganz und gar verschieden ist) wird in der II. Abth. eine sehr glänzende Bestätigung des „Urgesetzes" und des Dualismusmonismus liefern.

Kurz, wie überall, so ist auch in der Chemie die monistische Anschauung gänzlich unhaltbar, jede einzelne der unabsehbaren Menge von chemischen Verbindungen kann als bestätigender Beleg für die Gültigkeit des „Urgesetzes" sowie des Dualismusmonismus angesehen werden. —

Durch alle bisher herangezogenen Belege, die sich ausserdem durch ihre hervorragende Bedeutung charakterisiren, dürfte dem Leser nun wohl jeder Zweifel über die unermessliche Tragweite des „Urgesetzes" geschwunden sein, und ferner dürfte ihm meine folgende Behauptung einleuchten:

Auseinandersetzungen erfordern. Darum sind gerade die existenzfähigen Gegensätze mit theilweisem Ausgleich, wie sie die Chemie bietet, von so hervorragendem Werth; denn in der unvollständig ausgeglichenen $HCl$ treten die Gegensätze ebenso klar vor Augen, wie in dem vollständig ausgeglichenen $KCl$.

„Der Dualismus sowohl wie der Monismus sind schattenlose „Gespenster. Der existenzkräftige Dualismusmonismus, wie er im „Obigen entwickelt und begründet worden ist, muss nicht nur, „sondern er wird die Weltanschauung der Zukunft sein."

**§ 22.** II. An die vorangegangenen Erörterungen über die Grundlagen des Weltalls in qualitativer Beziehung schliessen sich kurz an die entsprechenden Ermittelungen in quantitativer Beziehung, welche zur Begründung des folgenden Artikels von wesentlicher Bedeutung sein werden. — Es war oben wiederholt die Rede von dem sog. causalen Factor $f$ des Gravitationsgesetzes, welcher nicht durch blosse Rechnung bestimmt werden kann. Zur Ermittelung von $f$ ist vielmehr das Resultat eines Experiments erforderlich, z. B. der Fallraum in der ersten Sekunde an der Erdoberfläche $= 4{,}904$ Meter. Es wäre sehr gut nicht nur denkbar, sondern auch möglich, dass ein Körper an der Erdoberfläche im luftleeren Raum anstatt 4,904 Meter 7, 10, 15, kurz $n$ . 4,904 Meter in der ersten Sekunde fiele, dann würde der Urstoff freilich ganz andere Eigenschaften haben; das ganze Weltall würde ein durchaus anderes als das gegenwärtige sein, aber das wäre dann eben Thatsache. Dass dem nicht so ist, dass der Fallraum an der Erdoberfläche in der ersten Sekunde wirklich 4,904 Meter beträgt, dass infolge dessen je nach der für $M, m$ resp. $r$ gewählten Einheit der causale Factor $f$ einen ganz bestimmten Zahlenwerth ergiebt, dafür ist die direkte Ursache die Grundeigenschaft des Urstoffs, und die *causa* davon ist die Welturs ache, welche den Urstoff des Weltalls vor endlicher Zeit erzeugt hat, wie oben § 3—11 bewiesen ist. Der causale Factor $f$ weist also in der That auf die Welturs ache hin, er kann auf keine andere Weise begründet werden. Es wäre wenigstens denkbar, dass es in allen Gebieten gelänge, die Erklärungen bis zum causalen Gravitationsfactor $f$ zu verschieben, dieser aber wird *in perpetuum* als Ausrufungszeichen stehen bleiben.

**§ 23.** Macht man sich einen flüchtigen Ueberschlag in Betreff des Gesammtraums, welchen die Summe aller Massen in unserem Sonnensystem einnehmen, und vergleicht man diesen Raum mit dem Aetherraum, welcher bis zur Grenze unseres Sonnensystems reicht, so ergiebt sich, dass der Aetherraum sich zu dem vom Weltkörperstoff ausgefüllten Raum verhält wie viele Hundert Trillionen zu eins. Wenn auch in anderen Fixsternsystemen dieses Verhältniss 10, 100 fach u. s. w. verschieden wäre, das Verhältniss bliebe immer ein enormes und würde sich allgemein noch bedeutend vergrössern, wenn die unermesslichen Aether-Zwischenräume der Welteninseln in Rechnung gezogen würden. Nicht darauf kommt es hier an, die genaue durchschnittliche Grösse zu ermitteln, sondern zu zeigen, dass der Raum des Weltkörperstoffs noch lange nicht den trillionensten Theil des übrigen vom Aether erfüllten Raums ausmacht. — Hieraus folgt zweierlei: Erstens ist klar, dass der Aether, welcher so gewaltige Räume ausfüllt, trotz seiner grossen Verdünnung doch eine ganz respectable Masse darstellen muss, welche wohl befähigt erscheint, ohne nennenswerthe Temperaturerhöhung die grossen Mengen der ausgestrahlten Wärme von der Sonne und anderen Fixsternen in sich aufzunehmen. Dass die fortwährend ausgleichende Uebertragung der ausgestrahlten Wärme auf andere Weltkörper, kurz, das calorische Gleichgewicht im Weltall eine Illusion ist, wurde § 5 erwiesen; die gewaltige Masse Aether nimmt in der That alle Strahlungswärme mehr und mehr in sich selbst auf und wird dadurch Inhaber der dem Weltkörperstoff verloren gegangenen Energie. Zweitens tritt aber die Frage heran, warum eine so äusserst winzige (noch bei Weitem nicht der trillionenste Theil) Raumerfüllung seitens des Weltkörperstoffs, und mag man nun Aethermoleküle annehmen oder das elastische Aethercontinuum, warum, da doch der Aether so äusserst verdünnt ist, auch in Betreff des Aetherstoffs eine so sehr winzige Ausfüllung der unermesslichen Räume?

Wäre der Weltkörperstoff und Aetherstoff seit Ewigkeit aus sich selber da, also mit Nothwendigkeit, so müsste er den Raum mit absoluter Dichtigkeit vollständig ausfüllen, wobei noch weiter trotz aller Nothwendigkeit ganz unverständlich bliebe, warum gerade von dem einen Stoff so viel und von dem andern wieder andere Mengen da sind.*) Warum ist nicht das 10, 100, $n$ fache des Weltkörperstoffs vorhanden, warum ist der Aether nicht 10, 50, $m$ mal dichter? Die einzige, richtige und mögliche Lösung dieses quantitativen Räthsels ist abermals die Welturkunde.

§ 24. Weiter fordert die potentielle Energie im Weltall zum Nachdenken auf. Wird unendliche Ausdehnung des Weltalls angenommen, so ist die gesammte Energie unendlich gross, in den natürlichen Abtheilungen, den Welteninseln und Fixsternsystemen; ist sie es aber nicht, sondern hier ist die Energiesumme eine endliche

---

*) Alle bisherigen Bestrebungen, den Weltkörperstoff als verdichteten Aether darzuthun, waren nicht nur bisher resultatlos, sondern sind für alle Zeiten aussichtslos, weil der Weltkörperstoff und der Aetherstoff ganz heterogen sind.

Grösse, die auf die ursprüngliche Lage der Stoffmassen zurückzuführen ist. Die Gesammtenergie eines bestimmten Systems, z. B. unseres Sonnensystems, ist eine bestimmte Grösse, welche auf eine speciell bestimmende Ursache zurückleitet, und diese Ursache ist trotz aller etwaigen Verschiebungen zuletzt doch abermals die Weltursache.

§ 25. Nicht allein im Grossen sondern auch im Kleinen ist der prüfende Massstab anzulegen. Der Stoff besteht aus Atomen, von denen wir zwar nicht die wirklichen wohl aber die relativen Gewichte ziemlich genau kennen, und welche sämmtlich aus demselben Urstoff (Abth. II) bestehen. Warum ist nun ein Sauerstoffatom 15,96 mal schwerer als ein Wasserstoffatom? Wäre es schwerer oder leichter, so wäre es eben kein Sauerstoffatom, da die chemischen und physikalischen Eigenschaften eines Atoms hervorgehen aus den 8 Eigenschaftsursachen (Abth. II), von denen eine das Gewicht des Atoms ist.

Anders stellt sich die Sache aber, wenn man die Frage aufwirft: Wie kommt es, dass da eine unermessliche Anzahl von Atomen existiren mit dem relativen Gewicht 1 (Wasserstoff), wieder Legionen von Atomen mit dem relativen Gewicht 15,97 (Sauerstoff), ebenso 107,66 (Silber), 11,97 (Kohlenstoff) u. s. f. gegen 70 Elemente. In diesem Zahlenwirrwarr hat man zwar mittelst des sog. periodischen Systems einige Gesetzmässigkeiten wahrgenommen, welche an der Sache selbst jedoch nicht das Geringste ändern; denn setzt man für die Atomgewichtszahlen der verschiedenen Elemente die Atomgewichtszahlen der die Perioden charakterisirenden Elemente ein, so ist man im Ganzen so weit wie zuvor. Für diese so willkürlich erscheinenden Atomgewichtszahlen giebt es weder jetzt noch in der Zukunft trotz aller etwaigen Verschiebungen eine andere Ursache als die Weltursache.

Nur ganz nebenbei sei bei dieser Gelegenheit hin gedeutet auf das in Bezug auf seine Bedeutsamkeit einzig in seiner Art dastehende „Kohlenstoffatom", dieses Meisterwerk der Schöpfung im Kleinen.

Die hiermit gewonnenen quantitativen Ergebnisse können erstens als viermalige, bestätigende Belege des § 3—11 geführten Beweises vom Dasein der Weltursache gelten, sie werden aber noch ausserdem eine besondere Verwendung im nächsten Artikel finden.

## Die Eigenschaften der Weltursache.

**§ 26.** Wenn man den Inbegriff von Alldeutschland personificirt, so erhält man die Germania; wenn man den Tod, diesen natürlichen Vorgang, personificirt, so erhält man den Sensenmann oder den Todesengel; wenn man das Princip des Bösen personificirt, so erhält man den Teufel u. s. w. Mithin liegt die Gefahr, bei Bestimmung der Eigenschaften der Weltursache in ähnliche Irrthümer zu verfallen, nahe genug, und es ist besondere Vorsicht gerade hier am Platze.

Es liegt zuerst die Aufgabe vor, den Pantheismus einer Prüfung zu unterziehen. Die Quintessenz der oft sehr orakelhaft vorgetragenen Lehren ist die Behauptung, dass Gott und Welt eins ist. Aber schon an dieser Wurzel tritt Spaltung ein, insofern die eine Partei weiter behauptet, dass Gott und Welt seit Ewigkeit her eins sei. Ob nun der pantheistische Gott im Stoff darin steckt oder nicht, der Stoff behält immer und überall seine naturgesetzlichen Eigenschaften, und da die Ewigkeit des Weltalls § 3—11 als Illusion, oder deutlicher als Unwahrheit erwiesen ist, so ist damit zugleich die Unhaltbarkeit des Pantheismus nach dieser Richtung hin dargethan.

Die zweite Partei behauptet in allem Ernst, dass sich der sog. pantheistische Gott in den Stoff des Weltalls verwandelt habe. Soll nun diese Verwandlung vor unendlicher Zeit stattgefunden haben, so fällt diese Hypothese mit der vorigen zusammen und ist ebenso unmöglich wie diese. Mithin bleibt nur die Hypothese von der Verwandlung dieses Weilandgottes vor endlicher Zeit *) zu prüfen, und man wird da unwillkürlich an jenen Zauberer im Märchen erinnert, der sich bald in einen Dornbusch, bald in einen Teich, bald in eine Ente u. s. w. verwandelt; nur befindet sich jener Zauberer in der vortheilhaften Lage, sich immer wieder in seine ursprüngliche Persönlichkeit zurückverwandeln zu können, während der p. Weilandgott für alle Ewigkeit gleichsam in der Falle sässe. Der Beweis ist sehr einfach. Alle organische wie geistige Entwicklung geht bis zu gewisser Höhe und von da ab naturgesetzlich abwärts; es wächst nichts s. z. s. in den Himmel hinein, und ausserdem kann die, wenn überhaupt mögliche, organische resp. geistige Entwicklungsperiode kaum in Betracht kommen in Vergleich zur allgemeinen

---

*) Dieser Hypothese entspricht wenigstens die Thatsache, dass der Stoff des Weltalls vor endlicher Zeit erzeugt worden ist.

Entwicklung des Stoffs. Man stelle sich also einen bewegten Granitwürfel vor, und man wird einsehen, dass sich ein solches Ding niemals in ein Stück dieses p. Weilandgottes zurückverwandeln kann. Hiergegen lässt sich der Einwand erheben, dass der p. Weilandgott, dies wohl wissend, absichtlich auf diese Zurückverwandlung verzichtet habe. Dann würde die Schöpfung des Weltalls eine Zerschöpfung oder einen Selbstmord, und das Weltall den selbstgemordeten Leichnam des p. Weilandgottes darstellen. — Es ist nun denkbar und auch wohl verzeihlich, wenn ein armer Mensch, der an unheilbaren Krankheiten leidet und sich und den Seinigen zur Last lebt, seinem qualvollen Dasein ein vorzeitiges Ende macht, es ist unverzeihlich, wenn ein Wüstling sich selbstmordet, es ist aber geradezu undenkbar, dass ein Gott, dem so überaus reiche Hilfsquellen zu Gebote stehen, zu einem Selbstmord schreite, wie die Hypothese behauptet.

Wer sich also trotzdem das Weltall als selbstgemordeten Leichnam des pantheistischen Weilandgottes vorstellen will, nun der mag es doch thun, nur möchte ich ihm noch folgende kleine oder eigentlich recht grosse Schwierigkeit zum Nachdenken empfehlen: Dieser p. Weilandgott soll die halbe Ewigkeit hindurch, welche einer Ewigkeit gleichkommt, als Gott existirt und sich vor bestimmter endlicher Zeit in das Weltall verwandelt haben. Warum nicht $n$ Aeonen früher?

Sodann, wie soll die Verwandlung auch nur denkbar sein? Das unverstellbar, eventuell unendlich ausgedehnte Weltall kann doch nicht mit einem Ruck oder Knall ins Dasein getreten sein, sondern der pantheistische Weilandgott musste sich (ungefähr wie nach Ovid die Nymphen sich in ihrem unsäglichen Jammer zerweinen und stückweise in Quellen zerfliessen) stückweise zerschöpft haben bei seiner Schöpfung. Wie aber nun, wenn die Schöpfung soweit vorgeschritten war, dass das Reststück dieses p. Weilandgottes nicht mehr fähig war, sich noch weiter zu zerschöpfen? Existirt dann dieses beklagenswerthe Reststück des p. Weilandgottes noch immer?

Zu derartigen Extravaganzen werden die Anhänger des Pantheismus verführt; die Irrlichter der Drillinge „Pantheismus, Monismus und Materialismus" mit ihrem verlockenden, trügerischen Schein führen unausbleiblich auf Irrwege, und wer ihnen folgt, befindet sich überlang oder kurz ohne jeglichen Halt.

**§ 27.** Die vorstehende Erörterung war nöthig, da bei Feststellung der Eigenschaften der Weltursache die pantheistische Auffassung zunächst in Frage kam. Die Hauptlehren resp. Hypothesen des Pantheismus, welche nach der deductiven Methode rein aus dem Verstande ohne genügende Begründung durch Thatsachen abgeleitet sind, haben sich als unhaltbar erwiesen, ich ziehe es daher vor, mich lieber von vornherein an Thatsachen zu halten und auch im Laufe der Begründung auf Thatsachen zu fussen.

Nach § 3—11 ist festgestellt, dass der Stoff des Weltalls vor endlicher Zeit durch eine Weltursache erzeugt ist. Die Ermittelungen § 22—25 ergaben 1., dass der causale Gravitationsfactor $f$ für immer nur durch das Experiment bestimmt werden kann, und beliebig anders sein könnte, als er es in Wirklichkeit ist, 2., dass die Stoffsummen der einzelnen Welteninseln oder Fixsternsysteme, 3., dass deren potentielle Energie als ganz willkürliche Grössen auftreten, 4., dass die Gewichte der Atome, welche für die specielle Entwickelung des Stoffs (Abth. II) von so grosser Bedeutung sind, ebenso als willkürliche Grössen dastehen.

Hieraus folgt, dass die erzeugende Ursache d. h. die Weltursache einen Willen hat, der zwar in Betreff der Einzelheiten als „bedingtfrei" erscheint, in Hinsicht des Gesammtplans aber ohne Frage ein „selbstbewustfreier" Wille ist.*) Und daraus folgt unmittelbar weiter, dass die Weltursache ein persönliches Wesen ist, denn ein unpersönliches Wesen kann keinen selbstbewustfreien Willen haben. Da ferner jede stoffliche oder geistige Daseinsform von vornherein ausgeschlossen ist, so bleibt nur für die Weltursache die übernatürliche Daseinsform übrig, welche zu verstehen das menschliche Begriffsvermögen nicht ausreicht.

Im Hinblick auf die Grossartigkeit und unermessliche Ausdehnung des Weltalls kommt der Weltursache ferner die Allmacht zu, nicht im Sinne von „Allesmacherei", sondern im Sinne von „unvorstellbar grosser Macht." Da weiter das Weltall sowohl im Grossen als auch ganz besonders im Kleinen (Entwickelung der Atome Abth. II) die wunderbarsten Einrichtungen erkennen lässt, die zwar einen naturgesetzlichen Verlauf haben, aber doch zuletzt in der Weisheit des Erzeugers wurzeln, so kommt der Weltursache

---

*) Die höchste Stufe des „freien Willens" der „selbstbewustfreie Wille" verhält sich zum „absolut freien Willen" der Philosophen und Materialisten wie wahre Freiheit zur zügellosen Freiheit.

Allweisheit, d. h. ein unvorstellbar hoher Grad von Weisheit zu. Weitere Eigenschaften wie Güte, Gerechtigkeit lassen sich dagegen mit Hilfe der Naturwissenschaften nicht begründen und müssen daher der subjektiven Meinung resp. dem Glauben anheimgestellt sein.

§ 28. Mit Rücksicht auf die bisherigen Ermittelungen treten von selbst verschiedene unabweisbare Fragen hervor, welche der Discussion zu unterziehen sind. — Zuerst drängt sich die Frage auf, ob die Welturoache auf das gegenwärtige Weltall einzuwirken vermag, da doch alle Erscheinungen nach Naturgesetzen vor sich gehen und bisher je nach dem Stande der Wissenschaft erklärt werden konnten, oder wenn das noch nicht möglich ist, diese Möglichkeit doch künftig nicht ausgeschlossen ist, und da andererseits eine direkte Einwirkung der Welturoache in der Gegenwart nirgends zweifellos festgestellt ist. Warum also nirgends ein solcher Fingerzeig als Beweis der Einwirkung und des Daseins der Welturoache überhaupt?

Angenommen, es forderte jemand einen mächtigen Fürsten auf, er sollte zu bestimmter Zeit 100 Kanonen abfeuern lassen, andernfalls er nicht an des Fürsten Macht glauben würde, so dürfte sich dieser Jemand nicht wundern, wenn seine Aufforderung unberücksichtigt bliebe. — Aehnlich verhält es sich im vorliegenden Fall. Die That der Welturoache steht mit leuchtenden Buchstaben im Weltall geschrieben, und zwar unzweifelhaft, während alle anderen Kundgebungen mehr oder weniger bezweifelt werden können.

Ferner, einem geschickten und einem ungeschickten Mechaniker würde die Aufgabe gestellt, eine Maschine für bestimmten Zweck zu bauen, beide Mechaniker lösten auch diese Aufgabe insofern, als beide Maschinen die vorgeschriebene Leistung ausführten. Der ungeschickte Mechaniker hat aber keine Gewalt über die Maschine, sie geht gleichsam mit ihm durch, während der geschickte Mechaniker, sobald es vernünftiger Weise nöthig ist, mittelst eines leichten Hebeldruckes die Maschine in seiner Gewalt behält.

Ob nun die Welturoache mit dem geschickten oder ungeschickten Mechaniker zu vergleichen ist, das mag sich jeder selbst beantworten. Die Welturoache würde sich den Vorwurf der Ungeschicklichkeit zuziehen, sowohl wenn sie bei der Entwickelung des Stoffs (dem jeweiligen Zustande des Weltalls) aller Augenblicke corrigirend einzuschreiten hätte, als auch wenn sie da, wo ein Einschreiten vernünftiger Weise erforderlich ist, keine Macht dazu hätte. Zu einem derartigen Einschreiten liegt nun bei astronomischen und physikalisch-chemischen Vorgängen durchaus keine Veranlassung vor, wohl aber ist auf allen übrigen Gebieten die Einwirkung der Welturssache behufs Erreichung eines höheren Zieles keineswegs ausgeschlossen, z. B. als es galt, auf der dazu tauglich gewordenen Erde die Ideen Leben, Geist u. s. w. zu verwirklichen.

§ 29. Als Beispiel, wie das erste Lebewesen auf chemischphysikalischem Wege, also aus sog. unorganischen Stoffen auf der Erde vielleicht entstanden sein könnte, wage ich folgenden Erklärungsversuch: Wir können aus Kohle und Wasserstoff, also aus den Elementen, Acetylen und daraus das Aethylen und Benzol nebst dem ganzen Heer ihrer Derivate darstellen. — Ich erhielt nun im Laufe gewisser chemischer Arbeiten aus Stoffen, die direkt aus den Elementen darstellbar sind eine aus Kohlenstoff, Wasserstoff, Sauerstoff, Stickstoff und Schwefel bestehende Verbindung im gequollenen Zustande, mitunter elastisch wie weiches elastisches Gummi, mitunter schleimig-elastisch.

Aehnliche Verbindungen haben andere Chemiker sicher ebenfalls erhalten, und noch viel leichter können sich solche Verbindungen eventuell bilden im grossartigen chemischen Laboratorium der Natur, worin Tag und Nacht ohne Aufhören an allen Orten seit unermesslichen Zeiten gearbeitet wird und besonders unter Bedingungen, die kein Chemiker zu seiner Verfügung hat.

Stellt man sich nun vor, es habe sich unter rein chemischphysikalischen Bedingungen ein solcher schleimig gequollener Körper gebildet, umgeben von seiner Nährflüssigkeit, aus der sich mehr und mehr abscheidet, so dass der Körper durch Abscheidung an der Oberfläche wächst, so böte der ganze Verlauf nichts Aussergewöhnliches.

Aus irgend welchem Grunde könnte aber die Abscheidung an der Oberfläche verhindert sein. Angenommen nun, die Nährflüssigkeit träte durch Endosmose in das Innere der schleimig gequollenen Masse, infolge der Wechselwirkung und eventuellen chemischen Umsetzungen*) bildeten sich aus der Nährflüssigkeit homogene Verbindungen, welche sich an Ort und Stelle, also im Innern, ablagerten, die unbrauchbar gewordene frühere Nährflüssigkeit würde durch Exosmose entfernt, wogegen wieder durch Endosmose neue Nähr-

---

*) Die von mir erhaltene, oben gedachte schleimige Substanz war unmittelbar nach der Darstellung in warmem Wasser löslich, schied sich beim Erkalten fast vollständig aus und war dann fast unlöslich in kaltem wie heissem Wasser.

flüssigkeit einträte u. s. w., so wäre mit diesem Diffusionsprocesse u. s. w. eigentlich die Idee des Lebens verwirklicht, ein Lebewesen gebildet, an welchem Nahrung, Verdauung, Abfallstoffe, Assimilation und Wachsthum von innen nach aussen den natürlichen Verlauf haben.

Wer möchte aber behaupten, dass ein ähnlicher Vorgang je stattgefunden hat? Es wäre sehr wohl möglich, dass die Weltursache, als es die Verwirklichung der Lebensidee galt, es für gut fand, mit einem kleinen Hebeldruck hierbei zu Hilfe zu kommen, und solcher möglichen Fälle, wo ein derartiger kleiner Hebeldruck vielleicht sehr nöthig und von sehr guter Wirkung gewesen ist, giebt es noch mehr.

§ 30. Aber womit beschäftigt sich denn da jetzt die Weltursache, wenn es so wenig zu thun giebt? Selbstredend kann ich nur in Form einer plausiblen Vermuthung dahin antworten, dass es ausser der Erde mit ihrem Leben und Weben noch eine Unzahl anderer Weltkörper giebt, welche wohl hinreichende Gelegenheit zur Thätigkeit bieten werden, und ausserdem ist es nicht ausgeschlossen, dass die Stofferzeugung seitens der Weltursache wie in der Vergangenheit, so auch in der Gegenwart und Zukunft stattfindet. —

§ 31. Was machte aber die Weltursache vor Erschaffung der Welt, d. h. vor der Erzeugung des Stoffs, durch dessen Entwickelung das Weltall in seinem gegenwärtigen Zustande sich herangebildet hat? — Infolge der Wärmeausstrahlung sowie aus anderen Gründen erfolgt die Entwickelung des Stoffs im Weltall nach einer Richtung hin. — Nicht bloss die Menschen altern, auch die Sterne und das Weltall werden altern; und was dann, wenn das Greisenalter auf die Spitze getrieben ist? Das Natürliche ist in solchem Fall der Tod, und die Ursache, welche fähig war, den Stoff zu erzeugen, wird ja auch wohl fähig sein, wenn es erforderlich ist, diesen Stoff wieder zu zerstören resp. zur Bildung eines neuen Weltalls zu verwenden.

Da dasselbe für die Vergangenheit gilt, so lautet also die Antwort: Die Dauer einer Weltallperiode ist bei endlicher Ausdehnung des Weltalls auch der Zeit nach eine begrenzte. Derartige gleiche oder ungleiche Perioden haben sich seit Ewigkeit her bis zur Gegenwart wiederholt, jedoch nur unter gleichzeitiger Mitwirkung der Weltursache, da ohne solche Mitwirkung die Entwickelung in gleichen Perioden nach § 6 unmöglich ist. Wird übrigens, wie es gewöhnlich geschieht, das Weltall als unendlich ausgedehnt angenommen, so ist die Beantwortung noch viel einfacher: Die Weltursache begann mit der Erzeugung des Stoffs vor unendlicher Zeit und wird in unendlicher Zeit fertig damit werden.

§ 32. Bekommt denn aber die Weltursache diese ewige Erzeugung des Urstoffs nicht einmal satt? Das erscheint doch als ein ewiges, monotones Einerlei! — Schon die Erde bietet in ihrer Entwickelung des Interessanten so viel, so sehr viel, und wir lernen doch nur einen kleinen Bruchtheil davon kennen. Wie viel des Interessanten und immer Neuen und Eigenartigen mag es auf anderen Sternen, Planeten, Trabanten und Systemen höherer Ordnung zu beobachten geben, und jede einzelne Weltperiode würde des ihr speciell Eigenartigen sicher eine Fülle bieten. Jeder Naturforscher weiss, dass man durch Forschungen, namentlich wenn sie mit interessanten Resultaten belohnt werden, niemals gesättigt, vielmehr zu immer weiteren Forschungen angefeuert wird, und etwas ähnliches dürfte wohl bei der Weltursache ebenfalls Geltung haben. Dass diese übernatürliche Ursache des Weltalls auch nach übernatürlicher Richtung hin Beschäftigung in Hülle und Fülle habe, kann zwar vermuthet, aber unmöglich weiter erörtert werden.

§ 33. Was ist die Ursache der Weltursache, woher stammt die Weltursache? — Es ist selbstverständlich, dass diese Frage weder jetzt noch je künftig beantwortet werden kann; sie soll aber nach anderer Richtung discutirt werden:

Wir wissen, dass die Gravitation vorhanden ist, ja wir kennen sogar das Gravitationsgesetz, begreifen aber nicht Wesen und Entstehung der Gravitation. Wäre es nicht mehr als Thorheit, deshalb nun auch die Gravitation über Bord zu werfen?

Im Vorhergehenden ist das Dasein der Weltursache durch den Hauptbeweis und durch eine Reihe bestätigender Belege festgestellt, wir können aber nicht die Ursache der Weltursache ermitteln. Wäre es nicht mehr als Thorheit, nun auch die Weltursache zu negiren?

## Der Dualismusmonismus.

**§ 34.** Nachdem die Wissenschaft die deductive Methode aufgegeben und sich für die inductive Methode entschieden hatte, stand sie anfänglich unter Führung des schwachen Dualismus, welcher je länger um so mehr zum Hemmschuh wurde. Mit Nothwendigkeit musste daher, wie schon in der Einleitung angedeutet wurde, der materialistische Monismus zur Herrschaft in der Wissenschaft gelangen. Dadurch war die Wissenschaft auf sich selbst angewiesen, sie erstarkte mehr und mehr, sie zeitigte die herrlichsten Früchte, und dieses Verdienst des Materialismus um die Wissenschaft ist für alle Zeiten anzuerkennen.

Nun aber, um unpartheiisch zu urtheilen, dazu auch die Kehrseite. Als der Materialismus von der Wissenschaft aus in alle Schichten der Menschheit eindrang, welches unabsehbare Elend hat er in der Menschheit herauf beschworen! Die Furchtsamen meinten, dass nun alles in Trümmer ginge, und geriethen geradezu in Verzweiflung; die Muthigen suchten in sich selbst den verlorenen Halt zu gewinnen, aber gar oft war dieser Versuch nur eine Art Selbstbetrug und Illusion. Kurz, der Materialismus hatte der Menschheit den Halt genommen und dafür den Egoismus zur extremsten Blüthe gezeitigt. Die Folgen hiervon sind der Schrecken der Gegenwart geworden und nur allzu bekannt. —

Je nach dem Standpunkt wird also das Urtheil über Wirksamkeit und Folgen des Materialismus in der Wissenschaft und in der Menschheit recht verschieden ausfallen.

**§ 35.** Wie es nun mit der Haltbarkeit des Materialismus selbst aussieht, darüber haben die bisherigen Erörterungen in einer fortlaufenden Reihe von Belegen Auskunft gegeben und namentlich gezeigt, dass die schwache Seite des Materialismus darin besteht, nur nicht den Dingen auf den Grund zu gehen, oder wie er es selbst beschönigend nennt, nach der Ursache der Ursache zu fragen. Das ist nun in Bezug auf das übernatürliche Gebiet vollständig begründet, aber durchaus nicht, so lange wir noch festen Fusses in der Natur stehen; hier muss bis auf den Grund vorgedrungen werden, und dieses rücksichtslose Vordringen bis auf den Grund ist freilich zum Ruin des Materialismus ausgeschlagen.

Der für ganz unerschütterlich gehaltene Fundamentalsatz des Materialismus entpuppte sich als blosses Dogma, die behauptete

Ewigkeit des Weltalls stellte sich als eine Unwahrheit heraus, und nun mögen die Antworten des Materialismus auf einige Fragen von der hervorragendsten Bedeutung zur Charakteristik seiner Oberflächlichkeit kurz mitgetheilt werden:

1. Jeder Weltkörper hat eine sowohl in Bezug auf Geschwindigkeit als auch in Bezug auf Richtung bestimmte Bewegung, welche auf eine bestimmte Urbewegung hinleitet, wenn man auch allen späteren Einflüssen Rechnung trägt (§ 14). Woher? Diese bestimmte Bewegung ist ohne Ursache seit Ewigkeit aus sich selber da.

2. Jede natürliche Abtheilung im Weltall hat eine bestimmte Stoffmasse, welche zum Raum auch nicht in geringster Beziehung steht (§ 23). Woher? Das alles ist seit Ewigkeit aus sich selber da.

3. Jedes Stoffsystem hat eine bestimmte Summe von potentieller und kinetischer Energie (§ 24). Woher? Das ist seit Ewigkeit aus sich selber da.

4. Der causale Gravitationsfactor $f$ stellt eine bestimmte Grösse dar, die für alle Zeiten nur auf dem Wege des Experiments festgestellt werden kann (§ 22). Woher? Darnach hat man nichts zu fragen, das ist nun einmal so.

5. Die Atome der chemischen Elemente bestehen aus kleinen, wägbaren Stoffmengen von den eigenthümlichsten aber ganz bestimmten Grössenverhältnissen (§ 25). Woher? Das alles ist ohne Ursache seit Ewigkeit aus sich selber da. U. s. w. u. s. w.

Mit dieser stereotypen Antwort hat sich hier wie in vielen anderen Fällen der Materialismus abzufinden, wenn er sich nicht ohne Weiteres unmöglich machen will, und um diese Antwort doch etwas zu beschönigen, mussten die Begriffe Causalität und Causalitätsbedürfniss herhalten. Das Schlimme dabei ist nur, dass die Causalität mit Nothwendigkeit besteht, auch wenn kein einziger Mensch mit seinem Causalitätsbedürfniss existirte, und noch schlimmer ist es, dass dieses Causalitätsbedürfniss nicht einmal, sondern in einer ganzen Reihe von Fällen nicht befriedigt werden soll. Dann ist es ganz ebenso berechtigt, diesem Causalitätsbedürfniss in jedem Fall, wie er gerade in den Kram passt, nicht Genüge zu leisten, und dann hört alle wissenschaftliche Forschung auf. Uebrigens macht der Beweis vom Dasein der Weltursache allem Streit ein schnelles Ende.

§ 36. Aber der Dualismusmonismus verführt ja ganz analog. Denn hilft er sich nicht in allen schwierigen Fällen mit der Weltursache? Durchaus nicht; so verfährt vielmehr der Dualismus in allen nur einigermaasen schwierigen Fällen. Dagegen geht der

Dualismusmonismus der Sache so tief wie möglich auf den Grund und wirkt dabei viel anregender und fördernder auf die Wissenschaft ein, als es die beiden andern je vermögen. Entweder kann dann die betreffende Frage wegen mangelnder wissenschaftlicher Hilfsmittel nicht entschieden werden; nun, dann bleibt sie vorläufig eine offene. Oder die Frage lässt sich zur Entscheidung führen; dann können zwei Fälle eintreten. Entweder wird eine naturgesetzliche Erklärung gefunden, oder aber es wird, wie in den citirten Beispielen, festgestellt, dass eine natusgesetzliche Erklärung unmöglich ist. Damit steht man noch festen Fusses in der Natur, und man ist alsdann nicht nur berechtigt, sondern vielmehr genöthigt, auf die Weltursache überzugehen.

§ 37. In der Einleitung identificirte ich, und zwar mit vollem Recht, Materialismus und Unglaube. Dass aber etwas Negatives auf die Länge weder befriedigen noch bestehen kann, ist leicht einzusehen. Dagegen hat der Dualismusmonismus seine Wurzel im „Urgesetz", nach welchem der Bau des ganzen Weltalls eingerichtet ist, welches seit Aeonen gegolten hat und fernere Aeonen gelten wird. Alles Menschliche mit seinen Einrichtungen, Anschauungen, Wissenschaften, alles Irdische wird altern und vergehen, das „Urgesetz" bleibt unveränderlich für alle Zeiten dasselbe, und ebenso unerschütterlich fest steht der darauf begründete Dualismusmonismus, welcher nach § 17 das „Urgesetz" zu einem Wort concentrirt ausdrückt.

Was wollen gegen diesen existenzkräftigen Dualismusmonismus die irrlichternden Drillingsgespenster des Pantheismus, Monismus und Materialismus oder der schwache Dualismus bedeuten? Nun sie bedeuten eigentlich nichts, aber nebenbei, dass sie vorläufig in der Zeitrichtung die Herrschenden sind, und die Geschichte lehrt, dass diese Zeitrichtung einer neu auftauchenden Wahrheit einen scheinbar unzerreissbaren Damm entgegenzusetzen vermag; die Geschichte lehrt aber weiter, dass dieser Damm trotz aller Gegenwehr von der Wahrheit dennoch immer durchbrochen wird. Die Gegensätze sind nun einmal in der Welt und lassen sich ebenso wenig wie das durch Ausgleich aus denselben hervorgehende einheitliche Produkt weder fortdisputiren, noch mit Gewalt beseitigen, und sowie es ganz widersinnig sein würde, das Gravitationsgesetz, diese doppelte Consequenz des „Urgesetzes", wegleugnen zu wollen, ebenso widersinnig würde es sein, das „Urgesetz" selbst wegzuleugnen. Ob es nun von dem Häuflein Menschheit anerkannt wird oder nicht, das „Urgesetz" wird unberührt davon, sowie es seit Aeonen gegolten hat, fortfahren, im dualistisch-monistischen Sinne auch für fernere Aeonen weiter im Weltall seine Geltung zu behalten. Die Wahrheit des Dualismusmonismus resp. des „Urgesetzes" habe ich weder ersonnen noch erfunden, sondern ich habe diese Wahrheit erkannt, und mit Rücksicht hierauf sage ich nicht in einer Art von prophetischer Ahnung, sondern was weit mehr ist, ich sage mit mathematischer Sicherheit: Der lebensfrische, existenzkräftige Dualismusmonismus wird die Weltanschauung der Zukunft sein.

## II. Abtheilung.

# Naturanschauung.

## Einleitung.

**§ 38.** Die unabsehbare Menge der Thatsachen, welche sich in der Wissenschaft bisher angehäuft haben und die noch alljährlich in erdrückender Anzahl hinzukommen, haben die Naturwissenschaften in Hauptzweige, Nebenzweige, Unterabtheilungen, Specialwissenschaften gespalten, deren Ziel es ist, das Heer der Thatsachen einigermassen einheitlich zusammenzufassen. Bereits ist es dahin gekommen, dass sich verwandte Zweige [kaum noch verstehen. Ein Physiker kann z. B. nicht alle chemischen Zeitschriften lesen, die kurz angedeuteten Methoden sind ihm unverständlich, die complicirten Formeln und Ausdrucksweisen unsympathisch; der Chemiker kann sich nicht alle Specialitäten der Physik aneignen, und die sich hier mehr und mehr einbürgernden idealmathematischen Vorstellungsweisen sind ihm ebenfalls unsympathisch. Man beginnt nicht nur über die gegenseitigen Specialtheorien, sondern auch über die grundlegenden Theorien der Naturwissenschaft zu spötteln, und durch alles dieses ist ein Zersetzungsprocess der Wissenschaft eingeleitet, der den Meisten bei dem Jubel über die vielen Errungenschaften wohl kaum zum Bewusstsein gekommen ist, der aber trotzdem, wenn nicht Einhalt geschieht, verderbenbringend fortschreiten wird. Es wird immerfort Thatsache auf Thatsache, gleichsam Stein auf Stein zu einem thurmartigen Gebäude von schwindelnder Höhe gefügt, die Bauenden verstehen sich immer weniger in ihrer Denk- und Sprechweise, und wenn die Sprachverwirrung vollständig ist, so wird die Wissenschaft das Schicksal des sagenhaften Thurmes von Babel theilen.

Sobald in den positiven Religionen das Ansehen des Dogma schwindet, ist der Zersetzungsprocess der betreffenden Religionen besiegelt, und wenn in der Naturwissenschaft das Ansehen der grundlegenden Theorien, die allen Zweigen gemeinsam sein sollen, mehr und mehr herabgesetzt wird, ja diese als gemeinsames Band dienenden Grundtheorien als Absurditäten ausgeschieden werden, dann wird ganz ebenso in der Naturwissenschaft der Zersetzungsprocess unaufhaltsame Fortschritte machen. Diese grundlegenden Theorien, welche als zusammenhaltendes Band für alle Specialwissenschaften dienen, zu kräftigen, d. h. immer besser zu begründen und zu erweitern, muss also neben anderem eine Hauptaufgabe der Wissenschaft sein.

Eine Hypothese erklärt wenig, eine Theorie viel; eine der Wirklichkeit conforme Theorie erklärt sehr viel, eine der Wirklichkeit congruente Theorie erklärt alles. Die letztere Form zu erstreben, ist das Ziel, aber schon eine der Wirklichkeit conforme Theorie bringt ungemeinen Nutzen; ja ich wage die Behauptung, dass auch eine schlechte Theorie, welche eine Vorstellung ermöglicht, immer besser ist als gar keine. Beispiel: Wäre uns nicht die Thatsache bekannt, dass sich die Erde um die Sonne bewegt, so würde die Theorie der Sonnenbewegung um die Erde zur Erklärung der astronomischen Erscheinungen viel dienlicher sein, als wenn man gar keine Theorie zu Grunde legen würde.

Ohne gewissen neueren Theorien feindlich entgegentreten zu wollen, lege ich besonderen Werth auf die altbewährten grundlegenden Theorien, welche bisher die Specialwissenschaften als Band zusammenzuhalten vermochten, und es erscheint mir erspriesslicher, anstatt die Mängel dieser Theorien zu bespötteln, vielmehr diese Mängel durch festere Begründung und Erweiterung der Theorien zu beseitigen. Eine Erweiterung darf nur auf Grund bedeutungsvoller und zwingender Thatsachen vorgenommen werden und muss sich sofort bewähren durch zwanglose Erklärung bisher von der Wissenschaft noch unerklärter Thatsachen, ohne dass weitere Hypothesen gemacht werden. In diesem Sinne sind die nachfolgenden Resultate und Untersuchungen über die Theorie des Stoffs, des Aethers, der Gravitation, der chemischen und physikalischen Eigenschaften des Stoffs, der Aggregatzustände, der Gastheorie u. s. w. aufzufassen.

Die Alten construirten ihre Theorien aus der Vernunft heraus und die Thatsachen sollten sich fügen. Ich schlage im Nachstehenden den umgekehrten Weg ein, wenn auch in einer von der sonst üblichen, etwas abweichenden Form. Sowie ich es für unthunlich halte, den Bau eines Hauses von irgend einem Stockwerk aus zu beginnen und von da aus nach unten und oben weiter zu bauen, so halte ich dafür, dass beim Aufbau einer Theorie von Grund aus zu beginnen ist, dass der Erbauer das Gebiet der Thatsachen vom ersten Grundstein bis zum letzten Deckstein nach besten Kräften voll erfasst und im Auge behält und den allmälig fortschreitenden Bau durch fortwährende Proben an Thatsachen festigt, damit der Bau selbst möglichst zur Thatsache werde. Da es viel schwieriger ist, eine in sich übereinstimmende Gesammttheorie aus und an Thatsachen zu entwickeln, als eine oder einzelne unabhängige Specialtheorien aufzustellen, so bitte ich um Nachsicht. Selbstverständlich halte ich mich nicht für unfehlbar, werde daher gern anschaulicheren Vorstellungen zugänglich sein.

## Zur Theorie des Stoffs.

§ 39. Die beiden bekanntesten Theorien des Weltkörperstoffs (kurz Stoffs), welche in früheren Zeiten lange um die Herrschaft gerungen haben, sind 1) die Durchdringungs- oder Continuitätstheorie, welche den Stoff als zusammenhängendes, den Raum völlig ausfüllendes Continuum auffasst und 2) die vielbewährte Atomtheorie, nach welcher der Stoff aus sehr kleinen, untheilbaren Stoffpartikeln besteht. Die Continuitätstheorie erwies sich in der Praxis, namentlich in der Chemie als unhaltbar, und als Begründung pflegt man anzuführen, dass einerseits ein Gasgemisch von 1 Volumen Wasserstoff und 1 Volumen Chlor und andrerseits 2 Volumina Salzsäure trotz gleicher procentischer Zusammensetzung und Durchdringung der Bestandtheile doch in ihren Eigenschaften total verschieden sind. Wahrhaft naiv einfach erscheint dieser Beleg im Hinblick auf die Ortho-, Meta-, Paraverbindungen, auf die Isomerien, Polymerien, Metamerien der modernen Chemie, infolge dessen die Continuitätstheorie des Stoffs völlig unhaltbar wird.

Dagegen hat sich die Atomtheorie in allen Zweigen der Wissenschaft und besonders in der Chemie auf's glänzendste bewährt, und es ist bisher keine einzige Thatsache aufgefunden worden, welche bei eingehender Prüfung dieser Theorie widerspräche, ja man hat sogar begonnen, die absolute Grösse der Moleküle, welche aus ein, zwei oder mehreren Atomen bestehen, zu bestimmen. Um so schwereres

Bedenken erregt die Forderung, dass das Atom zwar theilbar gedacht, aber in Wirklichkeit auf keine Weise getheilt werden kann. Verfügten wir nur über mechanische Kräfte, so könnte man sich hierbei beruhigen, aber es stehen uns tiefer eingreifende und wirkungsreiche andere, physikalische und chemische Kräfte zu Gebote, vermittelst welcher wohl eine Theilung des Atoms zu gewärtigen wäre. Man würde dadurch neue Elemente fabriciren, eine neue Welt aufbauen können. Warum gelingt das nicht, warum ist das Atom unter allen Umständen und für alle Zeiten untheilbar?

**§ 40.** Dieses Problem ist wohl eins der am meisten umstrittenen, obwohl trotz aller Bemühungen und Discussionen nichts Erspriessliches zu Tage gefördert wurde, und doch ist die Lösung so erstaunlich einfach.

Das Gravitationsgesetz hat die unbeschränkteste, durchgreifendste Gültigkeit überall im Weltall, an allen Orten und bei allen Grössenverhältnissen der Massen. Begriffe, wie „zu gross" oder „zu klein" sind für das Gravitationsgesetz nicht vorhanden. Denkt man sich daher ein Atom in beliebig viele kleinste Massentheilchen getheilt, welche bei absoluter Berührung, d. h. in der Entfernung gleich Null neben einander lagern, und setzt in der allbekannten Gravitationsformel*) die Entfernung $r = 0$ ein, so resultirt eine unendlich grosse Gravitationswirkung oder Anziehung der in absoluter Berührung befindlichen Massentheilchen des Atoms, und da also keine Kraft, welche kleiner ist als unendlich gross, ein solches Massentheilchen losreissen könnte, so ist die Gesammtheit aller Massentheilchen, d. h. das Atom, unter allen Umständen und für alle Zeiten in der That untheilbar. Man vergegenwärtige sich, wie schon z. B. im Molekül des schwefelsauren Kali die einzelnen Atome, trotzdem sie doch ganz ansehnlich von einander entfernt sind, mit einer ausserordentlich grossen Kraft angezogen und zusammengehalten werden, welche § 62 ebenfalls als Gravitationskraft nachgewiesen werden wird, und dann ist es schon ohnehin verständlich, dass die Anziehungskraft zwischen den kleinsten Massentheilchen bei absoluter Berührung im Atom eine unvorstellbar grosse sein muss; das Gravitationsgesetz bestimmt aber mit mathematischer Schärfe diese Kraft als unendlich gross.

Das Mariotte'sche Gesetz wird bei hohem Druck unbrauchbar, weil bei hohem Druck eine ganze Reihe von Nebenwirkungen zu

---

*) $k = f \dfrac{M m}{r^2}$.

erhöhter Geltung kommt. In dem besprochenen Fall dagegen existiren keine derartige Nebenwirkungen, nur die Gravitationswirkung der in absoluter Berührung befindlichen Massentheilchen kommt in Betracht, und diese ist durch das Gravitationsgesetz als unendlich gross bestimmt. Man hat nun die Wahl, entweder die Allgemeingültigkeit des Gravitationsgesetzes im Grossen wie im Kleinen anzuerkennen, und dann ist der von mir gelieferte Beweis der Untheilbarkeit des Atoms richtig, oder die Gültigkeit des Gravitationsgesetzes im Kleinen zu negiren, dann ist sie auch im Grossen zu bezweifeln, und dadurch würde die Astronomie allen Halt verlieren. Da das Letztere absurd sein würde, so ist die Allgemeingültigkeit des Gravitationsgesetzes anzuerkennen, und alsdann ist das Atom in der That unter allen Umständen und für alle Zeiten untheilbar. —

§ 41. Eine weitere für die Theorie des Stoffs sehr belangreiche Frage ist die, ob den Atomen der verschiedenen Elemente ein und derselbe Urstoff oder verschiedene Urstoffe zu Grunde liegen.

Eine flüchtige Umschau der uns umgebenden Körperwelt macht uns geneigt, anzunehmen, dass die grosse Verschiedenheit der Körper auf Verschiedenheit des ihnen zukommenden Urstoffs zurückzuführen sei. Tritt man aber in ein chemisches Laboratorium ein und sieht die zauberhaften Umwandlungen, welche der Chemiker an den verschiedensten Substanzen zu bewirken vermag, sieht man, wie aus Metallen erdartige Verbindungen, aus theerartigen Stoffen die glänzendsten Farben, aus übelriechenden Stoffen die köstlichsten Wohlgerüche, aus geschmacklosen Stoffen intensivschmeckende u. s. w. hervorgehen, dann wird man es wieder begreiflicher finden, dass allen diesen Stoffen ein und derselbe Urstoff zu Grunde liege. Was ist nun das Richtige?

Gewöhnlich pflegt man die Behauptung, dass alle Stoffe denselben Urstoff haben, dadurch zu begründen, dass alle Körper im luftleeren Raum gleichschnell fallen. Dieser Grund ist in der That sehr beachtenswerth, er ist aber, wie ich zeigen werde, einseitig und darum nicht ausreichend.

Nach der bekannten Formel $p = mg$ (wenn $p$ Gewicht, $m$ Masse und $g$ Beschleunigung bedeutet) muss für zwei gleiche Gewichte der verschiedensten Stoffe (z. B. 1 Kilo Aluminium und 1 Kilo Platin), da sicher $g$ für beide gleich ist, somit auch $m$ für beide gleich sein. 1 Kilo des beliebigen Stoffs $A$ und 1 Kilo des beliebigen Stoffs $B$ haben also gleiche Massen in Bezug auf den Fall oder die Schwerkraft; kurz, sie haben gleiche Fallmassen. Daraus folgt aber noch keineswegs, dass diese in Bezug auf den Fall als gleich erwiesenen Massen auch gleiche absolute Massen seien. Es wäre denkbar, dass 1 Kilo $B$ eine andere absolute Masse hätte als 1 Kilo $A$, dass aber die Schwerkraft auf den Urstoff von $B$ auch anders wirkt als auf den Urstoff von $A$, und folgedessen die Stoffmassen $A$ und $B$ trotzdem gleichviel wiegen und gleichschnell fallen, d. h. die gleichen Gewichte von $A$ und $B$ hätten zwar gleiche Fallmassen aber ungleiche absolute Massen.

Hier lässt sich nun leicht eine Entscheidung herbeiführen durch die Energie einer gespannten elastischen Feder. Ein durch die losschnellende Feder, deren Energie von der Gravitation ganz unabhängig ist, getroffener Körper erhält entsprechend der Grösse der Energie eine bestimmte Anfangsgeschwindigkeit, welche ebenfalls von der Gravitation von vornherein unabhängig ist. Diese Anfangsgeschwindigkeit würde an der Oberfläche der Erde, des Mondes, der Sonne, im stoffleeren Raum, in allen Fällen dieselbe sein, aber alsbald abnehmen und zwar in bekannter Weise auf der Erde, weniger schnell auf dem Monde, viel schneller auf der Sonne, gar nicht im stoffleeren Raum. Die Energie der losschnellenden Feder setzt hier aber die wirklichen, die absoluten Massen in Bewegung, und es steht nach physikalischen Gesetzen fest, dass gleiche Energien nur an gleichen absoluten Massen gleiche Anfangsgeschwindigkeiten erzeugen. Erprobt man nun dieselbe Energie der gespannten Feder an gleichen Gewichten von $A$ und $B$, so ergiebt der Versuch das Resultat, dass beide gleiche Anfangsgeschwindigkeiten erhalten. Mithin haben gleiche Gewichte von $A$ und $B$ in der That gleiche absolute Massen, und wie vorhin gezeigt, in Bezug auf die Schwerkraft auch gleiche Fallmassen

Daraus folgt nun, dass gleich grosse absolute Massen von $A$ und $B$ auch dieselbe Kraftwirkung (gleiches Gewicht, gleichen Fall) äussern, und darum müssen die $A$ und $B$ zu Grunde liegenden Urstoffe identisch sein. Denn Gravitationskraft und Stoff sind die Grundeigenschaften des Urstoffs, aus welchen alle übrigen Eigenschaften hervorgehen, und zwei gleiche absolute Massen mit derselben Kraftwirkung müssen daher identisch sein, d. h. denselben Urstoff haben.

Für dieses Ergebniss liefert auch das sog. periodische System in der Chemie vorzügliche und übereinstimmende Belege, so dass man mit Fug und Recht behaupten darf:

„Allen Atomen der verschiedenen Elemente liegt derselbe „Urstoff zu Grunde." Wie die chemischen und physikalischen Eigenschaften aus demselben Urstoff hervorgehen, wird später entwickelt werden.

## Zur Theorie des Aethers.

**§ 42.** Das Vorhandensein des Weltäthers wird bewiesen sowohl dadurch, dass der Uebergang der Licht- und Wärmestrahlen von einem Weltkörper zum andern nur durch ein stoffliches Medium vermittelt werden kann, als auch dadurch, dass die Wärme, welche als eine Energieform von der Erde in den Weltenraum ausgestrahlt wird, auf einen Stoff übergehen muss. Weil nun der Aether somit fähig ist, Energie sowohl aufzunehmen als zu übertragen, so folgt daraus, dass der Aether ein widerstandsfähiger Stoff sein muss, und diese Begründung der Widerstandsfähigkeit des Aethers ist sicherer als der Hinweis auf eine Geschwindigkeitsabnahme eines Kometen, da diese Geschwindigkeitsabnahme auch durch etwas Unbekanntes bedingt sein kann. Die Dichtigkeit des Aethers ist eine äusserst geringe, er ist absolut elastisch und sehr beweglich, was alles aus allbekannten Thatsachen gefolgert werden kann. Es sind nun die verschiedenen Aethertheorien zu prüfen, und ich stelle bei der Auswahl die folgenden Anforderungen: Die Theorie soll 1. möglichst weniger Voraussetzungen bedürfen, 2. sie soll möglichst leicht verständlich sein, 3. sie soll (und das ist besonders zu betonen) möglichst klare und anschauliche Vorstellungen ermöglichen, und 4. soll sie möglichst viel erklären ohne weitere Zunahme von Hypothesen.

**§ 43.** Mehrere angesehene Forscher haben sich für die Annahme entschieden, dass der Aether nichts anderes als verdünnte Luft sei. Der Weltraum ist nach dieser Ansicht mit verdünnter Luft ausgefüllt, jeder Weltkörper zieht das seiner Masse entsprechende Quantum an sich, eine Grenze der Erdatmosphäre existirt also nicht. Ob und wodurch der s. Z. ziemlich heftig geführte Streit entschieden worden ist, ist mir nicht bekannt, die Frage lässt sich aber ausserordentlich leicht auf folgende Weise entscheiden. Der Aether ist von Luft wie von jedem anderen Weltkörperstoff verschieden, weil wir durch's Fenster sehen können. Wie so? Dünne wie dicke Glasplatten lassen den Lichtstrahl leicht hindurch, und da Glas zwar durchlassend ist für den Träger der Lichtwellenbewegung, also für den Aether, nicht aber für Luft oder irgend einen anderen Weltkörperstoff, so folgt daraus, dass der Aether mit keinem Weltkörperstoff identisch ist. Auch die Annahme, dass sehr verdichteter Aether Weltkörperstoff sei, ist nicht haltbar, wie aus den Eigenschaften des Aethers hervorgehen wird.

§ 44. Nach einer anderen Theorie, welche hauptsächlich zur Erklärung der Gravitation dienen sollte, hätte man sich den Aether als elastische, dünne Hohlbläschen vorzustellen, welche bei völliger Berührung etwas zusammengedrückt sein würden. Denkt man sich nun eine dünne Gummiblase mit lauter kleinen Gummibläschen angefüllt, so wird zur Hülle der Bläschen offenbar umsomehr Stoff nöthig sein, je kleiner die Bläschen sind, da aber die Aetherbläschen sicher sehr klein sein müssten, so würde, wenn die Hüllen auch noch so dünn wären, der Aether eine gewaltige Masse darstellen, in der die Planeten schnell ihre Bewegung verlieren würden, was der Wirklichkeit widerspricht.

§ 45. Eine dritte Aethertheorie, welche besonders den Zweck hat, die Gravitationskraft wie überhaupt jede Kraft auf Energie zurückzuführen, ist die Theorie der elastischen Aethermoleküle mit fortschreitender Bewegung. Die Aethermoleküle stossen nach Art der Luftmoleküle auf einander so wie auf die vom Aether umspülten Weltkörper und bewegen sich nach allen Richtungen und üben, da die Stösse sehr schnell und zahlreich erfolgen auf die Körper einen gleichmässigen Druck aus. Es ist nun allerdings sehr sonderbar und von principieller Bedeutung, dass eine Theorie, welche die Gravitationskraft sowie jede andere Kraft fortdisputiren will, gleich in der ersten Anlage selbst einer Kraft benöthigt ist in Form der Cohäsionskraft des Aethermoleküls. Eine solche Cohäsionskraft ist aber als erste Voraussetzung erforderlich, weil ohne dieselbe die Aethermoleküle bei ihren Zusammenstössen in undefinirbaren Nebel zerstäuben müssten. Sodann muss als zweite Voraussetzung die Elasticität des Moleküls gemacht werden, die ganz und gar unvorstellbar und ausserdem nicht minder unerklärlich als die Cohäsionskraft des Moleküls ist. Die dritte Voraussetzung ist die Grösse der Energie der Aethermoleküle, die ebenfalls als Thatsache hinzunehmen ist. Endlich werden bei der Theorie der Lichtwellen noch weitere zwei Voraussetzungen nöthig, die geradezu als ungeheuerliche zu bezeichnen sind. Das bisherige Facit ist also, dass man um die Gravitationskraft, d. h. ein Unbegreifliches zu erklären, nicht weniger als fünf oder mindestens vier ebenso unbegreiflichere Voraussetzungen in den Kauf nehmen soll, was ohne Frage ein sehr übler Tausch sein würde. Und dazu kommt, dass alle die erhofften Erklärungen trotz alledem nicht möglich sind. Bei der alsbald zu besprechenden Lichtwellentheorie wird überdies der eigentliche Werth dieser Theorie klar gestellt werden.

§ 46. Eine vierte, sehr verbreitete Aethertheorie ist die der Aethermoleküle mit Abstossungskraft. Derselbe Aetherstoff, welcher sich in Form des Moleküls anzieht (Cohäsionskraft) kann sich aber doch unmöglich andererseits auch abstossen. Die Theorie enthält daher einen Widerspruch in sich selbst und ist unmöglich.

§ 47. Keine der vier geprüften Theorien kann also selbst bei den mässigsten Ansprüchen befriedigen, und ich stelle darum die folgende Aethertheorie auf: Sowie dem Weltkörperstoff Gravitations- oder Anziehungskraft zukommt, gleichgültig wie dieselbe zu erklären ist, so kommt dem vom Weltkörperstoff verschiedenen Aether Abstossungskraft zu, welche zweckmässig als Antigravitation zu bezeichnen ist. Hieraus folgt ohne weiteres, dass der Aether nicht aus Molekülen bestehen kann, weil derselbe Stoff sich nicht abstossen und zugleich anziehen kann, sondern dass der Aether ein den Raum völlig ausfüllendes Continuum bilden muss. Also für den Weltkörperstoff die Atomtheorie, für den Aether die Continuitätstheorie. Es folgt ferner ohne weiteres, dass die Aethertheilchen einen gegenseitigen Druck auf einander ausüben, dessen Grösse von dem Grad der Verdünnung abhängt, und dass man daher in allen Fällen die bisher geläufige Vorstellung „des Abstands der Moleküle" zu ersetzen hat durch „Grad der Verdünnung."

Aus der gegenseitigen Abstossung der unendlich kleinen Aethertheilchen in Form eines Continuums folgt drittens ohne weiteres, dass dieses Continuum absolut elastisch sein muss, und ich erkläre es als einen Hauptvorzug meiner Theorie, dass die Haupteigenschaft des Aethers, seine absolute Elasticität, aus der einzigen Voraussetzung, deren meine Theorie überhaupt bedarf, in so überaus klarer und anschaulicher Weise hervorgeht. Die sich abstossenden Aethertheilchen des verdünnten Continuums werden durch Druck von aussenher zusammengepresst, verdichtet, und da die Abstossung mit dem Grad der Verdichtung wächst, so werden sie nach den Gesetzen von Druck und Gegendruck, Reaction und Gegenreaction, sobald der Druck von aussenher aufhört, wieder ausgedehnt oder verdünnt, d. h. das Aethercontinuum ist absolut elastisch.

Während bei allen vorgenannten Aethertheorien die so wichtige Elasticität als unklarer Begriff vorausgesetzt wurde und trotz verschiedener weiterer, z. Th. sehr fraglicher Voraussetzungen kein befriedigendes Ergebniss zu erzielen war, hat meine Theorie nur eine einzige Voraussetzung nöthig, die Abstossungskraft der Aethertheilchen, d. h. die Antigravitation, analog der Gravitation des Weltkörperstoffs, ganz gleichgültig, wie Gravitation und Antigravitation in letzter Instanz zu erklären sind. Und aus dieser einzigen Voraussetzung folgen nicht nur alle übrigen den Aether selbst betreffenden Eigenschaften ohne weiteres, namentlich die so bedeutungsvolle absolute Elasticität in grösster Anschaulichkeit, sondern die nachfolgenden Untersuchungen werden auch zeigen, wie fruchtbar diese so überaus einfache Theorie sich erweisen wird. Vorläufig sei constatirt, dass meine Aethertheorie dem Eingangs gestellten Anforderungen entspricht; denn 1. bedurfte sie nur einer einzigen Voraussetzung, 2. ist sie kinderleicht zu verstehen, 3. gewährt sie klare und anschauliche Vorstellungen, und 4. erklärt sie viel ohne weitere Zunahme von Hypothesen, wie das Nachstehende zeigen wird. Hier nur eine Probe:

§ 48. Es soll die Theorie der Lichtwellen mittelst Molekulartheorie (elastische Aethermoleküle mit fortschreitender Bewegung) und andererseits mittelst der Continuitätstheorie (elastisches Aethercontinuum, Antigravitation) interpretirt werden.

Die Wellenbewegung des Lichts erfolgt in Form von transversalen Schwingungen und in allen möglichen Ebnen. Legt man eine Ebne z. B. die Polarisationsebne zu Grunde, und geht man von der Linie der Gleichgewichtslagen der Aethertheilchen als Axe oder Richtung des Strahls aus, so schwingt jedes erregte Aethertheilchen senkrecht zur Axe. Von der Gleichgewichtslage mit der grössten Geschwindigkeit ausgehend, verliert es allmälig seine Geschwindigkeit, kommt in der grössten Schwingungsweite zur Ruhe und führt dann die umgekehrte Bewegung nach der Gleichgewichtslage mit wachsender Geschwindigkeit aus u. s. w. als bekannt vorauszusetzen. Wie stellt sich nun Molekular- und Continuitätstheorie zu diesen Vorgängen?

1. Die Schwingungen der Lichtwellen erfolgen in allen möglichen Ebnen, welcher Forderung aber ein einziges Molekül auf der Axe unmöglich genügen kann. Daher ist der Strahl als sehr dünner Cylinder oder Faden zu nehmen und ein Fadenscheibchen zur Wellenbewegung zu Grunde zu legen. Aber auch in diesem sehr dünnen

und kleinen Fadenscheibchen ist mit Rücksicht auf die sehr grosse Verdünnung des Aethers und daher verhältnissmässig grossen Abstand der Moleküle nur eine recht endliche Zahl von Molekülen vorhanden, die unmöglich in unendlich vielen Ebnen schwingen können. Ist dagegen der Aether ein Continuum, so ist der Inhalt dieses Fadenscheibchens, wenn erregt, sehr wohl befähigt, wie man sofort einsieht, als Continuum die Erregung nach unendlich vielen Richtungen fortzupflanzen oder in allen Ebnen zu schwingen, und es ist nur hier wie für alles Folgende darauf zu achten, dass die sonst geläufige Vorstellung „des Abstandes der Moleküle" entsprechend immer durch „Grad der Verdünnung" zu ersetzen ist, um die Vorstellung mit Leichtigkeit zu ermöglichen.

2. Die Aethermoleküle sollen von der Gleichgewichtslage aus mit der grössten Geschwindigkeit aufsteigen bis zur Ruhelage, wobei die Geschwindigkeit allmälig auf Null herabsinkt. Zur Erklärung dieser Geschwindigkeitsabnahme resp. -zunahme wird nach der Molekulartheorie eine sehr curiose Hypothese nöthig. Entweder muss man, wie es gewöhnlich geschieht, einen gedachten?! Punkt auf der Axe anziehend wirken lassen, wobei ausserdem die Anziehungskraft nicht wie sonst ausschliesslich nach dem quadratischen, sondern hier nur nach dem einfachen Verhältniss der Annäherung wirken soll. Da es aber die offenbarste Absurdität ist, dass ein nur gedachter Punkt einer Anziehungskraft fähig ist, so kann das aufsteigende Molekül eine Verzögerung nur durch irgend eine von Aetherstoff ausgehende Abstossungskraft erfahren, welche aber in grellen Widerspruch steht mit der Cohäsions- oder Anziehungskraft des Moleküls. Kurz, die Schwierigkeit ist unüberwindlich. Ist dagegen der Aether ein elastisches Continuum, so sieht man sofort, dass das aufsteigende Aethertheilchen infolge der Antigravitation des Aethers (Abstossung) einen Druck auf die gegenstehenden Aethertheilchen ausübt und umgekehrt einen Druck von diesen erfährt bis zur Ruhelage, daher wird die Geschwindigkeit allmälig vermindert und beim Rückgang (Gegenreaktion) infolge der absoluten Elasticität allmälig vermehrt.

3. Nachdem ein Molekül seine Vibrationsbewegung begonnen hat, soll es das benachbarte Molekül gleichfalls zur Wellenbewegung erregen. Aber wie soll das geschehen? Doch nur durch eine nachziehende, also anziehende Fernwirkung! Soeben sub 2 war festgestellt, dass das Aethermolekül neben seiner eignen Cohäsionskraft (denn ein bloss gedachter Punkt konnte keine Anziehungskraft äussern) eine Abstossungskraft gegen die Moleküle nach oben und unten

besitzen müsse, und nun muss der Aether zur Erregung der Nachbarmoleküle noch nothwendig für die Moleküle rechts resp. links eine nachziehende also anziehende Kraft besitzen und zwar bei dem verhältnissmässig grossen Abstand der Moleküle durch den wirklich leeren Raum. Das ist doch eine gar zu grosse Ungeheuerlichkeit! Nach der Continuitätstheorie reisst ein unendlich klein gedachtes Aethertheilchen, welches die Vibration beginnt, das ihm unmittelbar nahe und durch keinen leeren Raum getrennte benachbarte Aethertheilchen mechanisch mit sich fort*) und erregt es zur Wellenbewegung. Mit welcher Leichtigkeit überwindet die Continuitätstheorie diese grosse Schwierigkeit in der Theorie der Lichtwellen, während die Molekulartheorie nur vermittelst der unmöglichsten Hypothesen zum zweifelhaften Ziel kommt. Denn

4. darf der Strahl auf Millionen von Meilen nicht von der graden Linie abweichen, welcher Forderung aber nach der Molekulartheorie wegen Eigenbewegung der Moleküle nach allen Richtungen nicht Genüge geleistet werden kann. Schon wenn man sich vorstellt, das die Oscillation beginnende und das benachbarte zu erregende Molekül hätten neben beiderseits gleicher fortschreitender Bewegung das eine die Richtung nach oben links, das andere nach oben rechts, so würden diese beiden Moleküle so verzwickte Bewegungen ausführen, dass die Möglichkeit eines graden Strahls mit normalen Schwingungszuständen sehr bedenklich erscheint.

Weil aber die Moleküle fortschreitende Bewegung mit allen möglichen Richtungen haben, so muss in mehrfacher Wiederholung der Fall vorkommen, dass das die Oscillation beginnende Aethertheilchen sich nach oben bewegt, während das benachbarte zu erregende Molekül sich grade entgegengesetzt, also nach unten bewegt, und dann ist es total unmöglich, wie jeder sich mit Leichtigkeit selbst klar machen kann, dass der grade Lichtstrahl erhalten bleibt. Nach der Molekulartheorie würde der Lichtstrahl nicht gradlinig sein, sondern als eine regellose krumme Linie mit unnormalen Schwingungszuständen hervorgehen.

Nach der Continuitätstheorie ist der Urzustand des Aethers Ruhe, denn etwa behauptete allgemeine Bewegung, z. B. fortschreitende Bewegung des Aethers als Ganzes im Weltall (was ja möglich, aber für den vorliegenden Fall ohne Bedeutung wäre) würde eine neue, ganz überflüssige Voraussetzung erfordern. Der in Ruhe

---

*) genau so, wie ein Luftstrom die benachbarte Luft mit sich fortreisst.

oder relativer Ruhe befindliche Aether ermöglicht ohne weiteres den gradlinigen Lichtstrahl mit normalen Schwingungszuständen, wie ihn die Theorie der Lichtwellen verlangt.

Die vorstehende Probe hat demnach ergeben, erstens dass die Continuitätstheorie des Aethers trotz mancher schwierigen Punkte die Theorie der Lichtwellen mit Leichtigkeit in ungezwungener, natürlicher Weise ohne Zunahme irgend einer neuen Hypothese zu erklären vermag, diese Probe hat aber auch zweitens die gänzliche Unhaltbarkeit und Unbrauchbarkeit der Molekulartheorie des Aethers (elastische Moleküle mit fortschreitender Bewegung) klargestellt, und ich hebe das Letztere besonders hervor, weil im Folgenden hierauf zu verweisen ist.

## Das Wesen der Gravitation.

§ 49. „Kraft wirkt Druck."

„Kinetische Energie ist Bewegung."

„Potentielle Energie (Spannkräfte) erscheint vor der Auslösung als Druckwirkung, nach der Auslösung wird sie Bewegung."

Wenn eine Kugel auf ihrer Unterlage ruht, so wirkt die Gravitationskraft ohne Frage als Druck. Aber auch wenn man eine Kugel durch losschnellende elastische Feder auf horizontaler Fläche dahintreibt, oder die Kugel durch dieselbe Feder senkrecht in die Höhe schnellt, oder die Kugel von ihrer Steighöhe wieder herabfällt, immer wirkt die Gravitation nur in Form von Druck (statischer Druck). Ebenso verhält es sich bei der Kreisbewegung (elliptische bis hyperbolische Bahnen sind Combination von Kreisbahn und Fallbewegung) der Weltkörper, wobei der Druck der Gravitationskraft nur den Ablenkungswiderstand der Tangentialenergie überwindet und die Weltkörper in gleicher Entfernung erhält.

Die Druckwirkung der Gravitation erzeugt an zwei entfernten Massen Bewegung, wenn sie keine oder eine ungenügende Hemmung zu überwinden hat. Zwei Massen mit Entfernung stellen ein System mit potentieller Energie dar, dieser Urform der Energie im Weltall, aus der alle übrigen Formen der Energie abzuleiten sind. Formen der kinetischen Energie sind Bewegung, Wärme, mechanische Arbeit, Licht, strömende Electricität u. s. w. Formen der potentiellen Energie sind die Spannkräfte (welche nicht zu verwechseln sind mit den wirklichen Kräften), z. B. statische Electricität, Magnetismus, eine gespannte elastische Feder, Cohäsionskraft, chemische Affinität, Muskelkraft u. s. w.

**§ 50.** Vergleicht man die Druckwirkung, welche in einer zusammengepressten Luftmasse die stossenden Luftmoleküle gegen den Kolben ausüben, mit der Druckwirkung der Gravitationskraft auf einen Körper, der auf einer Unterlage ruht, so erscheint es in hohem Grade wahrscheinlich, dass die Stoss- und Druckwirkung auf analoge Ursachen, also die Gravitation z. B. auf stossende Aethermoleküle zurückzuführen sei. Als ferner Galilei an der Materie die Beharrungseigenschaft (Trägheitsgesetz) festgestellt hatte, so war damit das Unbegreifliche, Willkürliche aus dem Stoff gleichsam zur Vorderthür hinausgeschafft, und nun kam es bald darauf durch die Fernwirkung der Gravitation zur Hinterthür wieder herein.

Was Wunder also, wenn in der gegenwärtigen Sturm- und Drangperiode des Energieumsatzes und der Energieübertragung unter 100 Naturforschern 99 auf's vollste überzeugt sind, dass auch die Gravitation durch Energieübertragung zu erklären sei, ja dass diese Ueberzeugung bis zu einer Art Siegesgewissheit, wenn auch ohne positive Grundlage, angewachsen ist. Gegen eine so allgemeine und hochgradige Voreingenommenheit ankämpfen zu wollen, ist bekanntlich zu allen Zeiten eine schwere und undankbare Arbeit gewesen, und wenn ich diesen Kampf dennoch wage, so geschieht es, weil ich von den Naturforschern der Gegenwart besser denke als von denen der Vergangenheit. Wer es vermag, für die kurze Zeit, welche das aufmerksame Lesen des Nachstehenden erfordert, sich von der obengedachten Voreingenommenheit frei zu halten, der wird zwar die gleichfalls obengedachte Siegesgewissheit, zugleich aber auch eine unnütze Illusion eingebüsst haben und der Wahrheit einen guten Schritt näher gekommen sein.

**§ 51.** Es kann wohl unbedenklich behauptet werden, dass seit zwei Jahrhunderten jeder Naturforscher mehr oder weniger über das Problem gegrübelt hat, die unbegreifliche Fernwirkung der Gravitation nach mechanischen Principien zu erklären, ja viele der befähigtsten Denker haben dieses erhabene Problem zum Gegenstand der eingehendsten und anhaltendsten Arbeiten gewählt, und nun muss es doch jeder Unbefangene im höchsten Grade bedenklich finden, dass so anhaltende, eingehende und vielseitige Arbeiten bis zur Gegenwart bei Licht besehen gänzlich erfolglos geblieben sind.

Diese erfolglosen Anstrengungen erinnern ohne Frage an die ebenso resultatlosen Anstrengungen, das Problem des *perpetuum mobile* zu verwirklichen. Zwar hätte die Kenntniss dessen, was die Wissenschaft in früheren Zeiten bereits bot, schon hingereicht, vor der Illusion des *perpetuum mobile* zu schützen, doch erst mit der sicheren Begründung des Gesetzes von der Erhaltung der Energie wurde diese Illusion so klar gestellt, dass kein Verständiger derselben noch länger nachjagen konnte. Es ist doch nun heutzutage wahrlich einfacher, die Wahrheit des Gesetzes von der Erhaltung der Energie sich anzueignen, als sich mit nutzlosen Anstrengungen abzumühen, jene Unmöglichkeit zu verwirklichen. Dementsprechend ist also nachstehend zu untersuchen, ob sich vielleicht eine Wahrheit ermitteln lässt, welche der Lösung des Gravitationsproblems in analoger Weise widerspricht, und dann würde es sicher einfacher sein, diese Wahrheit voll zu erfassen, als unnützen Illusionen nachzujagen.

§ 52. Da die Gravitation nicht im Stoff selbst ihren Ursprung haben soll, so muss sie ihm von aussen her zukommen und nach mechanischen Principien also durch Stoss oder Druck aus der Energie des Aethers erklärt werden. Hiergegen werden nun die folgenden vorläufigen Mittheilungen successive immer gewichtigere Bedenken erregen.

1. Jeder bespöttelt die Fernwirkung der Gravitation und muss doch immer wieder darauf zurückkommen. Ob man hierbei diese Fernwirkung als Druck oder Zug auffasst, läuft auf dasselbe hinaus.

2. Die Gravitation wirkt ursprünglich nur Druck; erst durch Hinzutritt der Entfernung erzeugt sie Bewegung der Massen, die Energie dagegen überträgt nur die Bewegung. Oder ist jene Erzeugung der Bewegung vielleicht auch nichts weiter als eine versteckte Uebertragung der Bewegung?

3. Die Analyse jeder Form der Energie, soweit es die Wissenschaft ermöglicht, leitet zurück auf die wichtige Urform aller Energie, auf die potentielle Energie, wobei die Gravitation an zweien oder mehreren entfernten Stoffmassen wirksam ist. Man kann daher alle Energie auf Gravitation zurückführen, aber nicht umgekehrt. Analog sind die Linsen der wirksame Bestandtheil im Fernrohr, und man kann die Wirkung des Fernrohrs aus der Wirkung der Linsen erklären, aber nicht umgekehrt. Analysirt man das Fernrohr, so stösst man immer auf den schon vorhandenen Hauptbestandtheil, auf die Linsen, während das Rohr nur die benöthigten Abstände ermöglicht.

4. Aus der bekannten Formel $E = P.s$ folgt, dass die Kraft eine Dimension weniger hat als die Energie.

5. Die Gravitation tritt immer in Form einer continuirlichen und dauernden Wechselwirkung auf, die Energie in ihrer unabhängigsten Form als kinetische Energie ist dieser Wechselwirkung nicht unterworfen (z. B. eine durch Federkraft in stoffleeren Raum in Bewegung gesetzte Masse. Der sogenannte einmalige Impuls). Nach diesen vorläufigen Plänkeleien führe ich etwas schwereres Geschütz in's Gefecht:

6. Um die bedeutenden Gravitationswirkungen an den grossen Massen der Weltkörper bei den riesigen Entfernungen aus der Energie· des unvorstellbar dünnen Aethers zu erklären, müssten diesem dünnen Aether mehr als heroische Wirkungen zugeschrieben werden. Man denke z. B. an die Gravitationswirkung von Jupiter und Sonne, und würden an Stelle des Jupiter eine der Sonne an Masse gleiche Jupitersonne und die Sonne als Doppelsterne mit dem Jupiterabstand als Durchmesser eine Kreisbahn beschreiben, sich also immer diametral gegenüberstehen, so würde die Gravitationswirkung, welche dem dünnen Aether aufzubürden wäre, doch kaum noch zu glauben sein. Wenn doch, so erschien dagegen der theologische Glaube, welcher Berge versetzt, d. h. nur einen winzigen Theil der kleinen Erde auf kurze Zeit bewegt, geradezu zwerghaft. Der wahre Glaubensheros würde der Naturforscher sein, welcher im obigen Fall beide Sonnen durch seinen Glauben in dauernder Bewegung resp. in ihren Bahnen erhält. Der dünne Aether kann's wahrlich nicht. Oder dennoch?

7. Man denke sich eine recht dünne Stahlnadel horizontal gehalten, so müsste, um die Fallwirkung zu erklären, trotz des geringen Durchmessers der Nadel und also eines sehr geringen Abstandes der Aethertheilchen oberhalb und unterhalb, die überdies zu beiden Seiten in Zusammenhang stehen, trotzdem der Oberdruck den Unterdruck sehr ansehnlich überragen. Die grobe Luftmasse verhält sich zu der überaus feinen und beweglichen Aethermasse vergleichsweise ungefähr wie ein plumpes Schiffstau zum zartesten Nerv, und dennoch würde bei der groben Luftmasse eine solche Druckdifferenz unmöglich sein, wie sie beim absolut elastischen, beweglichen, Druck und Bewegung fast unendlich schnell und leicht fortpflanzenden Aether zu behaupten wäre.

8. Nicht minder märchenhaft heroisch erscheint die supponirte Aether-Gravitationswirkung, wenn man die obige dünne Nadel fallend denkt, mit der Spitze nach oben gerichtet. Die riesige Energie,

welche hiernach dem Aether untergeschoben wird, könnte vergleichsweise gemessen werden durch die Wirkung eines Windes, welcher die genau in der Richtung des Windes gehaltene und bleibende Nadel, von der Spitze als Angriffspunkt aus wirkend, in der ersten Secunde ca. 5 Meter weit forttreibt. Da es sich mit Leichtigkeit zeigen lässt, dass bei gleicher Energiewirkung die Geschwindigkeit der Aethermoleküle wegen ihrer unvergleichlich geringeren Masse sehr bedeutend grösser sein müsste als die der Luftmoleküle, so wird abermals der Glaube des Naturforschers bei dem vorliegend supponirten Aetherkunststück auf eine riesenhafte Probe gestellt.

9. Wenn eine Masse, z. B. die Masse eines Kilo, nach einem Weltkörper zu fällt, so hängt die vor dem Aufstossen erlangte Geschwindigkeit ganz von der Entfernung und von der Grösse des anziehenden Weltkörpers ab. Da aber hier kaum eine Grenze zu setzen ist, so könnte auch jede beliebige, durch die Aetherwirkung erlangte Endgeschwindigkeit (z. B. eine nach Hunderten von Meilen in der Secunde zählende) resultiren. Wie gross soll denn da eigentlich die Energie des unvorstellbar dünnen Aethers angenommen resp. geglaubt werden? In Wirklichkeit kann sie doch unmöglich so gross sein.

10. Wenn die fallende Masse (von vorhin) die sehr grosse Geschwindigkeit $v$ (z. B. von Hunderten von Meilen) erlangt hat, so ist folgendes zu beachten: Offenbar muss die Energiewirkung zu Anfang des Falls am grössten sein, sie muss mit jedem Geschwindigkeitszuwachs immer mehr abnehmen, oder was dasselbe bedeutet, je grösser die Geschwindigkeit der fallenden Masse wird, um so kleiner kann nur der Geschwindigkeitszuwachs in der Zeiteinheit werden, bis bei erlangter gleicher Geschwindigkeit der fallenden Masse und des treibenden Aethers der Geschwindigkeitszuwachs gleich Null wird.

Kurz, ist irgend eine Aetherwirkung Ursache der Gravitation resp. des Falls, so müsste am fallenden Körper der Geschwindigkeitszuwachs in der Secunde, wenn auch langsam, dennoch stetig abnehmen. Bei der wirklichen Gravitation verringert sich aber dieser Geschwindigkeitszuwachs nicht nur nicht, sondern er wächst sogar mit dem quadratischen Verhältniss der Annäherung.

§ 53. Die aufgeführten Gründe (namentlich die sub 6—10) müssen ohne Frage die gewichtigsten Bedenken erregen, und es soll nun der entscheidende Beweis folgen, dass das Gravitationsproblem überhaupt eine Unmöglichkeit ist.

Soll die Gravitation aus irgend einer Aetherwirkung erklärt werden, so kann das nur geschehen auf Grund irgend welcher zufälligen Eigenschaften des Aethers oder aber durch die Grundeigenschaften des Aethers. Abgesehen davon, dass für diese zufälligen Eigenschaften des Aethers wohl kaum ein Beweis beizubringen wäre, würden dieselben nur für beschränkte Fälle anwendbar sein. Denkt man sich z. B. in dem allgemeinen Bewegungsstrom im Weltall hätte der Aether eine überwiegende Geschwindigkeit, was kaum jemals zu beweisen wäre, so würde die Differenz der Geschwindigkeiten zur Geltung kommen, und wenn in diesem Strom die Erde gerade hinter der Sonne stände, so würde die Erde wegen ihrer weit kleineren Masse und daher relativ grösseren Oberfläche allerdings zur Sonne zu fallen scheinen, ein halbes Jahr darauf in der umgekehrten Stellung zur Sonne müsste die Erde dann jedoch von der Sonne abfallen. Ganz nach diesem Muster ergeben alle hypothetischen zufälligen Eigenschaften immer nur die verlangte Wirkung in beschränkten Fällen, während die Gravitation nach Vorschrift des bekannten Gravitationsgesetzes eine unbeschränkte Gültigkeit hat unter allen Umständen, zu allen Zeiten und an allen Orten im Weltall.

Es bleibt daher nur übrig, die Gravitation nach mechanischen Principien aus den Grundeigenschaften des Aethers herzuleiten.

§ 54. Obwohl die Molekulartheorie des Aethers in der Form von elastischen Molekülen mit fortschreitender Bewegung im vorigen Artikel als völlig unhaltbar erwiesen ist, so möge ihr doch der Allgemeinheit halber hier Gültigkeit zuerkannt werden. Nach dieser Theorie muss ein vom Aether umgebener Körper von allen Richtungen her zahllose Stösse der elastischen Aethermoleküle erfahren, die sich in ihrer Gesammtwirkung ausgleichen, ganz analog wie ein von Luft umgebener Körper, den zahllosen Stössen der Luftmoleküle ausgesetzt, in Ruhe verharren muss, mag auch der Luftdruck von einer Atmosphäre auf 2, 10, 20 oder 100 Atmosphären gesteigert werden. In allen Fällen wird sowohl aus den zahllosen Stössen der Luftmoleküle sowie der Aethermoleküle als Totalwirkung ein allseitig gleichmässiger statischer Druck hervorgehen, und genau dieselbe Totalwirkung hat der Aether nach der Continuitätstheorie (elastisches Aethercontinuum). Nach mechanischen Gesetzen kann aber ein allseitig gleichmässiger Druck weder einen noch mehrere Körper, und letztere weder bei geringem noch grossem Abstande in Bewegung setzen. Zur Bewegung der Körper gehört dazu eine specielle Energie, welche die Körper ebenso leicht gegen einander als von einander bewegt. Kurz, die Totalwirkung des Aethers auf die Körper, welche nie etwas anderes als ein allseitig gleichmässiger Druck ist, kann niemals die Ursache einer Bewegung, einer Gravitationswirkung sein, die Gravitation lässt sich niemals aus Aetherdruck herleiten. Die mechanischen Gesetze des Drucks und Stosses sind so sicher und zuverlässig, dass nicht der geringste Zweifel aufkommen kann.

**§ 55.** Für diejenigen, welche noch irgendwie hoffen, eine Hinterthür offen zu finden, d. h. eine einseitige Druck- oder Stosswirkung des Aethers herauszudeuten, sei die Untersuchung weiter geführt. Angenommen, der glückliche Erfinder einer passenden Aethertheorie habe auch durch weitere geschickte Combinationen diesen beiderseits (d. h. für die beiden gravitirenden Massen) einseitigen, gegeneinander gerichteten Stoss oder Druck des Aethers herausgefunden. Was dann? Nun dann treten die Gesetze des einseitigen Druckes (Stosses) in ihre Rechte, welche lauten: Die Grösse der Druck(Stoss)wirkung ist proportional der Grösse des Drucks und ebenso proportional der Grösse der Druckfläche. Als Druckfläche würde z. B. an einer Kugel die zur Druckrichtung senkrecht stehende grösste Kreisfläche anzusehen sein.

Mithin würden die oben erhofften neuen Entdeckungen das vorläufige Resultat ergeben, dass die einseitige Druckwirkung des Aethers in Bezug auf die beiden gravitirenden Massen proportional der Druckfläche ist, und dieses Resultat würde nun der praktischen Prüfung zu unterwerfen sein. Zu diesem Zweck lasse man eine Platinkugel und von gleichem Gewicht ein horizontalgestelltes Platinblech fallen. Das Platinblech müsste wegen seiner viel grösseren Druckfläche viel schneller fallen, als die Platinkugel, was aber der Wirklichkeit widerspricht.

Hingegen liesse sich einwenden, dass alle Stoffe für Aether durchlassend sind, und da der Aether auch in den Zwischenräumen wirksam ist, so würde die Druckwirkung dennoch nicht von der Druckfläche sondern von der Masse abhängen, wie es die Gravitation verlangt. Dieser Einwand ist dadurch zu widerlegen, dass man an Stelle des Complexes von Platinatomen (Platinstück) ein Platinatom voraussetzt, und dessen Fallwirkung mit derjenigen eines Lithiumatoms vergleicht. Da sich die Atomgewichte von Lithium und Platin (annähernd oder der Einfachheit halber wirklich) wie 1:27 verhalten, und daher ebenso die Masse des gleichen Urstoffs, welcher beiden Atomen zu Grunde liegt, daher auch das Volumen (es sei der Einfachheit halber Kugelgestalt angenommen) des Lithium- und Platinatoms sich wie 1:27 verhält, so muss sich beim Fall beider Atome die Druckwirkung wie ihre grössten Kreisflächen, d. h. wie 1:9 verhalten. Im Vergleich zum Lithiumatom erfährt also das Platinatom 9mal grössere Druckwirkung, hat aber 27mal grössere Masse, und müsste daher 3mal langsamer fallen als das Lithiumatom, was aber der Wirklichkeit widerspricht. Da nun nach der fraglichen Theorie ein Lithiumatom und ein Platinatom der Wirklichkeit widersprechend fallen würden, so muss dasselbe eintreten bei der Summe beliebig vieler Lithiumatome (Lithiumstück) und der Summe beliebig vieler Platinatome (Platinstück), und die Theorie wird daher unter allen Umständen mit der Wirklichheit im Widerspruch stehen.

§ 56. Das Resultat der Untersuchung ist daher folgendes: Die Gravitation lässt sich nach mechanischen Principien weder auf Grund zufälliger Eigenschaften des Aethers noch durch die Grundeigenschaften des Aethers erklären. Die letzteren ergeben als Totalwirkung einen statischen, allseitig gleichmässigen Druck und darum die Unmöglichkeit einer daraus herzuleitenden Bewegung. Diese Wahrheit an sich ist schon ausreichend.

Alle etwaigen künftigen Speculationen müssen auf die Entdeckung eines einseitigen Drucks an den gravitirenden Massen hinzielen, aber selbst wenn dieses Ziel je erreicht würde, so hat der zweite Theil der Untersuchung gezeigt, dass selbst dann die Ableitung der Gravitation nach mechanischen Principien unmöglich ist. Kurz, die Ableitung der Gravitation nach mechanischen Principien ist überhaupt und für alle Zeiten unmöglich, und wer diese in obiger Entwickelung deutlich und ausführlich dargelegte Wahrheit voll erfasst, der wird vor weiteren resultatlosen Abmühungen mit dem Gravitationsproblem ebenso geschützt sein, wie derjenige in Bezug auf das Problem des *perpetuum mobile* es ist, welcher die Wahrheit des Gesetzes von der Erhaltung der Energie erfasst hat.

Die Gravitationskraft kommt dem Stoff nicht von aussen her, also muss sie selbst in ihm liegen. Die Gravitationskraft muss eine unveräusserliche Grundeigenschaft des Urstoffs sein, was ich in vollster Uebereinstimmung hiermit in der von mir vertretenen dualistisch-monistischen Weltanschauung § 17 bereits ausgesprochen habe.

## Das Perigravitationsgesetz.

§ 57. Es giebt eine Menge von Energieformen, welche eingangs bereits aufgezählt sind, aber nur drei wirkliche Kräfte lassen sich mit Sicherheit nachweisen. Unter keinen Umständen sind die sog. Spannkräfte\*) als wirkliche Kräfte aufzufassen; diese Spannkräfte sind vielmehr als Formen der potentiellen Energie anzusehen, so die Cohäsionskraft als potentielle Energie der Moleküle, die chemische Affinität als potentielle Energie der Atome. Im Sprachgebrauch wird ferner das Wort „Kraft" in sehr ausgedehnter Weise verwendet; man spricht z. B. von Sehkraft, Klebkraft, Denkkraft u. s. w. Dass ich von einer derartigen sogenannten Kraft hier gänzlich absehe, brauche ich wohl kaum zu erwähnen.

Die drei wirklichen Urkräfte im Weltall sind:

1. Die Gravitationskraft, welche sich zu erkennen giebt als Anziehung von Stoff zu Stoff.

2. Die Antigravitationskraft, welche sich äussert als Abstossung der Aethertheilchen (elastisches Aethercontinuum).

3. Die Perigravitationskraft, welche sich zu erkennen giebt als Anziehung von Stoff zu Aether.

Es erübrigt, die Existenz der Perigravitationskraft zu begründen, welche sich zunächst in einer Wechselwirkung des Stoffs zum Aether äussert, wie folgende 7 Thatsachen beweisen:

§ 58. 1. Je mehr man ein Gas comprimirt, um so grösser wird sein Lichtbrechungsexponent. Da nun die verstärkte Lichtbrechung auf Verzögerung der Lichtwellen im dichteren Aether beruht, so folgt daraus, dass je näher die Moleküle, um so dichter der Aether zwischen ihnen ist, dass also eine Wechselwirkung zwischen Molekül resp. Atom und dem Aether besteht und niemals fortgeleugnet werden kann. Diese Wechselwirkung kann nur in einer gegenseitigen Anziehung des Atoms und Aethers mit abnehmender Dichte vom Atom aus bestehen, wie das Wachsen des Lichtbrechungsexponenten mit dem Wachsen der Gascompression beweist. Jedes Atom hat also seine Aetherhülle, ist aber verschieden von dem Redtenbacher'schen „Dynamid", da erstens die Aetherhülle nicht aus Aethermolekülen, sondern aus dem elastischen Aethercontinuum besteht. Zweitens

---

\*) d. h. was man gewöhnlich darunter versteht. Der wirkliche Sinn dieser sog. Kräfte wird erst § 62 bis 72 (besonders § 72) klar gestellt werden.

führt nicht, wie Redtenbacher behauptet, die Aetherhülle die Wärmebewegungen aus, sondern das Atom resp. Molekül, und diese sind mit Rücksicht auf die verschwindend kleine Aethermasse als Inhaber und Träger der Wärmeenergie anzusehen. Vorläufiger Beweis:*) Richtet man einen Luftstrom gegen aufgehängte Kugeln, so werden letztere bewegt, obgleich die Kugeln mit der umgebenden Luft in keinem Verband stehen. Molekül und Aether stehen aber, wie gezeigt, in Wechselwirkung oder in Verband, und jeder Druck auf die Aetherhülle muss sofort nicht nur diese, sondern auch das damit fest verbundene Atom oder Molekül in Bewegung setzen, und ferner muss das Molekül infolge der verschwindend kleinen Masse seiner Aetherhülle als Inhaber der Wärmeenergie erscheinen. Das Nähere wird in dem Artikel „Lücken der Gastheorie" ausgeführt werden, vorderhand mag die Andeutung genügen, dass die Moleküle nur Wärmeschwingungen ausführen können und keine fortschreitenden Bewegungen haben, womit die folgenden Thatsachen im Einklang stehen.

2. Da das Volumen einer festen oder flüssigen Substanz sich in Gasform um das ca. 2000fache vergrössert, und ferner aus der Wärmeenergie sich eine enorm grosse durchschnittliche Geschwindigkeit der Gasmoleküle berechnet (sie beträgt z. B. beim Gefrierpunkt für Wasserstoff 1844 Meter in der Secunde), so folgt daraus, dass sich die Gasmoleküle bei sehr grossem Abstande mit sehr grosser Geschwindigkeit bewegen. Wäre nun das Molekül zum Aether indifferent, hätte es also gleichbleibende, fortschreitende Bewegung, so müsste trotz des Anprallens der Moleküle wegen ihres sehr grossen Abstandes schnelle Mischung erfolgen, was nicht der Fall ist. Ist dagegen Aether und Molekül in Wechselwirkung, hat also das Molekül eine Aetherhülle, so kann das Molekül nur schwingende Bewegungen ausführen, und darum kann nur langsame Mischung stattfinden, was mit der Wirklichkeit übereinstimmt.

Stülpt man über einen mit grüngelbem Chlorgas gefüllten und mit Glasplatte bedeckten Cylinder einen mit Luft gefüllten Cylinder und zieht man die trennende Glasplatte fort, so müsste mit Rücksicht auf die obigen Feststellungen bei fortschreitender Bewegung der Gasmoleküle blitzschnelle Mischung erfolgen, was aus der verschiedenen Farbe von Chlor und Luft ersichtlich wäre, umsomehr als die Chlormoleküle und die Luftmoleküle verschiedene Geschwindigkeiten haben. Das geschieht aber nicht, sondern weil die Moleküle eine

---

*) Der wirkliche Vorgang ist § 68 klargestellt.

Aetherhülle haben, können sie nur schwingende Bewegungen ausführen und sich langsam mischen. Ganz analog folgt aus der langsamen Diffusion der Flüssigkeiten das Vorhandensein von Aetherhüllen an den Molekülen. In ein Reagensglas wurde Kochsalzlösung gegossen, vorsichtig etwas gefärbtes Wasser aufgeschichtet und markirt. Nach 6 mal 24 Stunden war die Färbung nur um 4,2 Centimeter vorgedrungen, was bei fortschreitender Bewegung der Moleküle unmöglich wäre, vielmehr nur aus der durch die Aetherhülle bedingte Schwingungsbewegung der Moleküle erklärlich ist. —

§ 59. 3. Stände Molekül und Aether nicht in Wechselwirkung, würde also das Gasmolekül ohne Aetherhülle sich gleichmässig fortschreitend bewegen, so müssten die Moleküle und Atome ohne Frage bis zur absoluten Berührung zusammenstossen, könnten dann aber auf Grund des Gravitationsgesetzes nicht wieder von einander los. Erfolgt chemische Reaction, so fällt das eintretende Atom u. s. w. nach dem Schwerpunkt des Moleküls, die Fallenergie überträgt sich, wie später § 69—71 gezeigt werden wird, durch Ausgleich auf das ganze Molekül, setzt sich daher in Wärme um, und die Gleichgewichtslage des eingetretenen Atoms ist näher dem Schwerpunkt des Moleküls als die Gleichgewichtslage des ausgetretenen Atoms. Wäre nichts Hemmendes vorhanden, so müsste dieses eingetretene Atom, ebenso auch alle übrige Atome des Moleküls, bis zur absoluten Berührung im Schwerpunkte zusammenfallen und dort verbleiben. Die Wärmebewegung könnte das nicht verhindern, wie die soeben angedeutete chemische Reaction beweist. Das wird nur verhindert durch die Aetherhüllen, und folglich haben Atom und Molekül Aetherhüllen.

4. Es seien zwei Volumina Wasserstoff und ein Volumen Sauerstoff gemischt. Wäre Molekül resp. Atom und Aether indifferent, so müssten die beiderseitigen Gasmoleküle ohne Aetherhüllen infolge ihrer fortschreitenden Wärmebewegung bis zur absoluten Berührung zusammenstossen. Da aber die Wasserstoff- wie Sauerstoffmoleküle aus je zwei Atomen bestehen, so müsste der Wahrscheinlichkeit zufolge unter zwei Zusammenstössen einmal ein Wasserstoffatom mit einem Sauerstoffatom in absolute Berührung kommen, wie es das Schema $H.HO.OH.H$ veranschaulicht. Da es nun für die Atome doch unmöglich eine noch grössere Reactionsnähe als die absolute Berührung giebt, so müsste also schon bei gewöhnlicher Temperatur Wasser gebildet werden, was nicht der Fall ist. Vielmehr verhindern

die Aetherhüllen die erforderliche Reactionsnähe bei gewöhnlicher Temperatur, und darum sind Aetherhüllen vorhanden.

5. Wenn man das soeben besprochene Gasgemenge auf $c$ 500 Grad erhitzt, so findet erst Wasserbildung statt. Stossen die Moleküle ohne Aetherhüllen an und für sich schon bis zur absoluten Berührung in der Secunde $n$ mal zusammen, so kann eine Vermehrung der Zusammenstösse infolge Wärmezufuhr das Resultat unmöglich ändern. Wird dagegen durch Wärmezufuhr an den Molekülen mit Aetherhüllen die Schwingungsweite vergrössert, so dringen die Aetherhüllen mitsammt ihren Molekülen bis zur Reactionsnähe vor, so dass Wasserbildung stattfindet. Also auch dieser Vorgang beweist die Existenz der Aetherhüllen an den Molekülen.

6. Gäbe es keine Aetherhüllen, so würde der Wärmestrahl nicht fähig sein, die bestrahlten Körper zu erwärmen. Denn angenommen, der Aether wäre indifferent zu den Atomen und Molekülen, so würde ein grosser Theil der Wärmewellen durch sämmtliche Körper hindurchgehen, alle Körper würden in hohem Grade diatherman sein. Die auf das Atom treffenden Aetherwellen dagegen würden z. Th. reflectirt, z. Th. zerstreut werden, es könnten aber nimmermehr die transversalen Aetherwellen z. B. des milden Sonnenstrahls das gewichtige Platinatom in Bewegung setzen; dazu würde die Energie des unvorstellbar dünnen Aethers nicht ausreichen, die Wärmewelle würde daher reflectirt und diffundirt werden. Die Absorption der Wärmewelle, also die Molekularbewegung (fühlbare Wärme) wird nur durch Vermittelung der Aetherhülle möglich dadurch, dass letztere die Aetherwelle auf- und festhält, gleichsam absorbirt, und erst durch Vermittelung der Aetherhülle, welche mit Atom und Molekül im innigsten Verband steht, wird die Bewegung auf das Atom und Molekül übertragen (wie das § 68 der Wirklichkeit entsprechend anschaulich dargestellt ist). Ohne diese Vermittelung der Aetherhülle würde also der Wärmestrahl die Körper nicht erwärmen, und darum haben Atom und Molekül Aetherhüllen.

7. Endlich wolle man die kleine Mühe nicht scheuen, in irgend einer chemisch-technischen Zeitschrift die complicirten Structorformeln irgend welcher Farben der Neuzeit nachzusehen. Wer die Constitution einer derartigen Verbindung mit ihren complicirten Gruppen und Seitenketten auch nur einigermassen erfasst hat, der kann das Vorhandensein der Aetherhüllen unmöglich noch leugnen. Denn ohne diese hemmenden Aetherhüllen würde die enorme Anzahl von Atomen der complicirtesten Gruppen und Seitenketten durch

Zusammenstoss infolge Wärmebewegung zu einem undefinirbaren, unentwirrbaren Gemisch oder Chaos zusammengewimmelt werden, welches aller Kunst und Wissenschaft des Chemikers spotten würde. Dass der Chemiker die Macht hat, derartige complicirte Verbindungen aufzubauen, ist nur möglich, wenn Aetherhüllen existisen.

§ 60. Aus diesen 7 Thatsachen geht unzweifelhaft hervor (und nur wer sich absichtlich der Wahrheit verschliessen will, könnte es leugnen), dass zwischen Atom resp. Molekül und Aether eine Wechselwirkung besteht, dass sich Atom und Aether gegenseitig anzieht, dass also um das Atom herum eine Aetherhülle mit abnehmender Dichte gebildet wird. Die Kraft, welche Ursache dieses Vorganges ist, meine ich passend durch „Perigravitation" zu bezeichnen, da aus der Anziehung von Stoff zu Aether eine Aetherhülle um das Atom herum hervorgeht.

Die Theorie des Stoffs hat durch die Perigravitation eine Erweiterung erfahren; diese Erweiterung ist den in der Einleitung Abth. II gestellten Anforderungen gemäss durch obige 7 Thatsachen begründet, sie wird sich weiter aber im Folgenden als überaus fruchtbar erweisen zur Erklärung einer ganzen Reihe von Vorgängen, welche bisher für die Wissenschaft in gänzliches oder theilweises Dunkel gehüllt war. Vorläufig sei, um die Bedeutung der Perigravitation im Weltall zu kennzeichnen, darauf aufmerksam gemacht, dass ohne diese Urkraft der Stoff nicht reactionsfähig, nicht entwickelungsfähig sein würde, dass die Weltkörper ohne diese Urkraft als nicht entwickelungsfähige Riesenatome umherschwimmen würden; durch die Perigravitation erst wird die grosse Mannigfaltigkeit in den Eigenschaften des Stoffs vermittelt resp. ermöglicht. Welche von den drei Urkräften (Gravitationskraft, Antigravitationskraft, Perigravitationskraft) die wichtigere oder wichtigste in Bezug auf Entwickelung und Eigenschaften des Stoffs sei, ist dahin zu beantworten, dass zur Entwickelung des Stoffs keine dieser drei Grund- oder Urkräfte entbehrlich ist. Ueberdies stehen dieselben im vollsten Einklang mit der dualistisch-monistischen Anschauung § 17 und 18.

§ 61. Man könnte hoffen, durch Theilung des Atoms (immer natürlich das Uratom vorausgesetzt) Atome neuer Elemente zu bilden. Ich habe § 40 nachgewiesen, dass das Atom auf natürlichem Wege, was hier immer als selbstverständlich gilt, unter allen Umständen und für alle Zeiten untheilbar ist. Man könnte hoffen, durch Addition des Urstoffs zweier oder mehrerer Atome neue Elemente zu bilden. Die Perigravitation ist die Ursache, dass das unter allen

Umständen und für alle Zeiten unmöglich ist. Infolge der Perigravitation (Anziehung von Stoff zu Aether) können zwei oder mehrere Atome mit ihren Aetherhüllen nur bis zu einer gewissen Grenze, nie aber bis zur absoluten Berührung vordringen, weil die Aetherhüllen nach dem Atom zu immer dichter werden, daher die die Elasticität bedingende Abstossung (Antigravitation) sehr schnell wächst. Da also das Atom weder getheilt noch vergrössert werden kann, so ist es unter allen Umständen und für alle Zeiten unveränderlich. Das ist
„das Gesetz von der Erhaltung des Atoms",
welches als drittes sich anschliesst dem Gesetz von der Erhaltung der Materie und dem Gesetz von der Erhaltung der Energie.

§ 61a. Das Perigravitationsgesetz. Der Druck der Aetherhüllen ist am meisten ersichtlich an festen und flüssigen Stoffen. So ist bekannt, dass Wasser, welches doch sehr weit von der Urstoffdichte entfernt ist, und daher ansehnliche Aetherhüllen hat, trotz des gewaltigsten Drucks nur minimale Volumenverminderungen erleidet. In den Gasen ist die Druckwirkung der Aetherhüllen bis auf minimale, kaum erkennbare Grössen herabgesetzt; hier wird der Gasdruck durch die Wärmebewegung der Moleküle hervorgerufen, und erst bei sehr starker Compression wird der Druck der Aetherhüllen wieder wahrnehmbar. Da die Wirksamkeit der Perigravitation eine sehr ausgedehnte ist, so kann ihre Wirkung niemals frei von anderen Nebenursachen erhalten werden, und daraus entstehen enorme Schwierigkeiten bei Aufstellung des Gesetzes. Mit Rücksicht hierauf betone ich, dass etwaige Consequenzen des hier zum ersten Male aufgestellten Perigravitationsgesetzes die von mir anderweitig mitgetheilten Resultate in Betreff der Perigravitation nicht zu beeinflussen vermögen, weil diese letzteren Resultate durch Thatsachen begründet und weiter an Thatsachen erprobt worden sind.

Es ist nöthig, sich zunächst der Schwierigkeiten bewusst zu werden, welche der Ableitung des Gesetzes entgegenstehen. Zuerst liegt es in der Natur der Sache, dass die Perigravitation (Aetherhüllenbildung) nicht von der Antigravitation (Abstossung der Aethertheilchen) gesondert werden kann. Ebenso kann auch in der Wirklichkeit nie die Wirkung der dritten Urkraft ausgeschlossen werden, noch viel störender wirkt aber die Wärmebewegung, und rechnet man noch den äusseren Druck (Luftdruck u. s. w.) hinzu, so hat man, abgesehen von verschiedenem anderen von vornherein bereits mit fünf gleichzeitigen ursächlichen Wirkungen zu thun, was bei der Aufstellung des Gesetzes grosse Schwierigkeiten bedingt. Mit Rücksicht hierauf bitte ich daher um Nachsicht bei der ersten Formulirung des Perigravitationsgesetzes, dessen Bedeutung wohl schon daraus erhellt, dass es, abgesehen von anderen belangreichen Anwendungen, allein die Mittel bietet, dem wichtigen potentiellen Abstand der Atome zu bestimmen.

Ich stellte mir nun folgende Anforderungen auf: Zuerst ist natürlich das Ziel zu erstreben, dass das Gesetz richtig ist. Sodann müssen alle Nebeneinflüsse ausgeschlossen sein, um einen leicht zu überschauenden und zu handhabenden Ausdruck zu erhalten, da in der Praxis nachher die vielen Nebeneinflüsse von selber starke Complicationen bedingen. Andererseits musste naturgemäss die betreffende Wirkung der Antigravitation im Gesetz selbst enthalten sein, und dieser Vortheil wird unbeschadet der Einfachheit erreicht, wenn man den Begriff der „Entfernungsdichten" einführt, d. h. derjenigen Dichte der Aetherhülle, wie sie in einem gewissen Abstande vom Atommittelpunkt existirt.

Im höchsten Grade der Dissociation ist es in einigen Fällen gelungen, doppelatomige Moleküle in existenzfähige Atome zu spalten, so beim Jod. Um aller störenden Nebeneinflüsse ledig zu sein, stelle man sich ein solches Jodatom mit seiner Aetherhülle vor, welche allmälig in die gewöhnliche Dichte des Aethers im luftleeren Raum übergeht. Das Atomgewicht des Jodes sei, um bei der Berechnung grosse Zahlen zu vermeiden zu 125 angenommen, und wenn man nun vergleichsweise ein Wasserstoffatom (1) unter denselben Bedingungen hinzunimmt, so verhalten sich, da alle Atome denselben Urstoff haben, in Bezug auf Jodatom und Wasserstoffatom die Massen, Gewichte und Volumina wie 125 : 1, die Radien aber der kugelförmig gedachten Atome wie 5 : 1, was für das Folgende festzuhalten ist.

§ 61b. Denkt man sich das Jodatom aus 125 Wasserstoffatomen zusammengesetzt, von denen jedes in einer gewissen Entfernung eine bestimmte Aethermenge anzieht, so muss offenbar die 125fache Masse, also das Jodatom in derselben Entfernung die 125fache Aethermenge anziehen. Es wird daher allgemein sein:
$$D_{(r)} : D'_{(r)} = m : m' \ldots \ldots (1),$$
wenn $m$ und $m'$ die Aether anziehendem Atome, $D$ und $D'$ aber die Entfernungsdichten der Aetherhüllen im Abstande $r$ bedeuten und $(r)$ als Index dient.

Da die anziehende Wirkung von Stoff zu Stoff (Gravitation) im umgekehrten quadratischen Verhältniss der Entfernung erfolgt, so liegt die Annahme nahe, dass es sich mit der anziehenden Wirkung von Stoff zu Aether ebenso verhalte. Das ist also vorläufig eine Hypothese, die aber an sich schon einen hohen Grad von Wahrscheinlichkeit hat und überdies durch sechs Gründe gestützt wird, welche aus thatsächlichen Gegenständen entnommen sind, und welche ich bei passender Gelegenheit sehr bald geltend machen werde. Unter der gemachten Voraussetzung wird also ein Jodatom, welches in der Entfernung $r$ die Aethermenge 1 anzieht, in der Entfernung $\frac{1}{2}r$ die Aethermenge 4 anziehen, welche auf der der Entfernung $\frac{1}{2}r$ entsprechenden Kugelschale zu placiren resp. zu verdichten ist. Der Radiusvector bestimmt die Entfernung in dem hier benöthigten Sinne punktartig, und darum würde es falsch sein, die Stärke der Kugelschale im Abstand $r$ von der Dicke $dr$ und im Abstand $\frac{1}{2}r$ von der Dicke $\frac{1}{2}dr$ anzunehmen, vielmehr müssen die Kugelschalen, welche die entsprechenden Entfernungsdichten der Aetherhülle angeben, flächenartig aufgefasst werden, was in der Anschauung keine Schwierigkeit bietet, da der Aether ein elastisches Continuum ist.*) Diese flächenartigen Kugelschalen verhalten sich nun direkt wie die Quadrate ihrer Abstände vom Kugelmittelpunkt, und es wird darum die vom Jodatom in der Entfernung $\frac{1}{2}r$ angezogene 4fache Aethermenge auf einer 4mal so kleinen Kugelschale unterzubringen sein, wobei der Aether 16 (d. i. $2^4$)fach verdichtet ist. Allgemein werden sich also für das Atom $m'$ die Entfernungsdichten der Aetherhülle verhalten umgekehrt wie die Biquadrate der Entfernungen oder im Zeichen

$$D'(r) : D'(r') = \frac{1}{r^4} : \frac{1}{r'^4} \ldots (2)$$

Bestimmt man hieraus den Werth von $D'(r)$ und setzt denselben in Gleichung (1) ein, so geht nach einigen leichten Umformungen daraus der allgemeine Ausdruck des Perigravitationsgesetzes hervor:

$$D(r) : D'(r) = \frac{m}{r^4} : \frac{m'}{r'^4} \ldots (I).$$

In Worten: Die Entfernungsdichten der Aetherhüllen sind direkt proportional den Atommassen und umgekehrt proportional den Biquadraten ihrer Abstände vom Atommittelpunkt.

---

*) Alle Molekulartheorien des Aethers sind § 42—48 als gänzlich unhaltbar erwiesen.

Die Gleichung (I) lässt sich leicht in eine Constantengleichung umformen und erhält alsdann den Ausdruck

$$D(r)\frac{r^4}{m} = C_1 \ldots (II),$$

worin $C_1$ ein constanter Factor ist, der ganz analog dem bekannten Gravitationsfactor $f$ niemals durch Rechnung, sondern nur durch das Experiment bestimmt werden kann. So lange dies nicht geschehen, können die Rechnungen nur vergleichsweise, aber dennoch mit gutem Erfolg geführt werden.

Beispiel: Es sei die Entfernungsdichte der Aetherhülle für das Wasserstoffatom in der Entfernung $r$ gleich 1 gesetzt, und es soll die Entfernungsdichte für das Jodatom im Abstand $n\,r$ berechnet werden, so ist

$$1 \cdot \frac{r^4}{1} = D\,\frac{(n\,r)^4}{125}, \text{ daher } D = \frac{125}{n^4}.$$

**§ 61 c.** Aus diesem Hauptgesetz lassen sich zwei wichtige Consequenzen ziehen. Zuerst kommt es darauf an, die Aetherdichte an der unmittelbaren Oberfläche des Atoms gesetzlich zu normiren. Zu diesem Zwecke sei allgemein $\varrho$ der Halbmesser des Atoms und gelte zugleich als Abstand der Entfernungsdichte, ferner werde die Atommasse $m$ ausgedrückt durch $^4/_3\,\pi\,\varrho^3\,\sigma$, wenn $\sigma$ das spec. Gewicht des Urstoffs bedeutet. Setzt man nun diese Werthe von $m$ und $\varrho$ in Gleichung (II) ein, vereinfacht, bringt alle constanten Grössen nach rechts und vereinigt hier alle constanten Grössen zu der neuen Constanten $C_2$, so erhält man den Ausdruck

$$D(\varrho)\,\varrho = C_2 \ldots (III).$$

In Worten: **Bei Annahme von Kugelform\*) der Atome verhalten sich die Aetherdichten an der Atomoberfläche umgekehrt wie ihre Atomradien.**

Beispiel: Die Aetherdichte an der Oberfläche des Wasserstoffatoms sei gleich 1 gesetzt, und es soll die Aetherdichte an der Oberfläche des Jodatoms berechnet werden, so ist

$$1 \cdot \varrho = D \cdot 5\,\varrho \text{ und daher } D = \tfrac{1}{5}.$$

Die Aetherdichte an der Oberfläche des Jodatoms ist also nur $\tfrac{1}{5}$ von der Aetherdichte an der Oberfläche des Wasserstoffatoms; für den Abstand $5\,\varrho$ (Radius des Jodatoms) würde aber die Entfernungsdichte des Wasserstoffatoms nach Gleichung (II) $\tfrac{1}{625}$, also 125 mal kleiner als die entsprechende Entfernungsdichte des Jodatoms sein.

---

\*) Der Einfachheit halber ist in diesem Artikel immer Kugelform der Atome vorausgesetzt.

— 73 —

Zweitens ist die ganze Ausdehnung der Aetherhülle bis dahin wo sie in die allgemeine Aetherdichte des luftleeren Raumes übergeht, gesetzlich festzustellen. In diesem Fall ist die Entfernungsdichte in Gleichung (II) gleich 1 zu setzen und anstatt des allgemeinen Abstandes $r$ der Aetherhüllenradius $R$ einzustellen, woraus folgt

$$\frac{R^4}{m} = C_1 \ldots \text{(IV)}.$$

In Worten: Die Biquadrate der Aetherhüllenradien sind direkt proportional den Atommassen.

Beispiel: Der Aetherhüllenradius des Wasserstoffatoms sei gleich $R$ gesetzt, und es ist der Aetherhüllenradius des Jodatoms zu berechnen. Es ist $\frac{R^4}{1} = \frac{(x R)^4}{125}$, daher $x = 125^{\frac{1}{4}} = 3{,}34.$

Der Aetherhüllenradius des Jodatoms ist somit 3,34mal grösser als der Aetherhüllenradius des Wasserstoffatoms.

§ 61 d. Es erübrigt, die Gründe (zugleich Proben des Gesetzes an thatsächlichen Gegenständen) anzugeben, welche mich in der Annahme befestigten, dass die anziehende Wirkung von Stoff zu Aether (Perigravitation) nach umgekehrtem quadratischem Verhältniss des Abstandes analog wie bei der Anziehung von Stoff zu Stoff (Gravitation) zu bemessen sei. Infolge dessen erhielt im Perigravitationsgesetz in Bezug auf die Entfernungsdichten der Aetherhüllen das umgekehrte biquadratische Verhältniss der Entfernung Geltung. Es wäre also möglich, wenn obige Annahme unrichtig wäre, dass dann das umgekehrte cubische oder quadratische oder einfache Verhältniss der Entfernung dafür einzustellen wäre. Um nun darüber Auskunft zu erhalten, sind unter Zugrundelegung der letzteren Verhältnisse die entsprechenden Ausdrücke nach Gleichung (II u. III) abzuleiten und einer vergleichenden Untersuchung zu unterziehen. Das folgende Schema giebt mit Weglassung der Constanten die entsprechenden Ausdrücke vom biquadratischen abwärts bis zum einfachen Verhältniss (4 — 1) an, und es entsprechen hierin, wie leicht zu ersehen, die beiden Horizontalreihen den aus den Gleichungen (II u. III) hervorgehenden Ausdrücken, während in Bezug auf die Verticalreihen die darüber stehenden Zahlen das entsprechende Verhältniss, z. B. 3 das cubische Verhältniss andeuten.

$$\begin{array}{ccccc} & 4 & 3 & 2 & 1 \\ \text{(II)} & D(r)\frac{r^4}{m} & D(r)\frac{r^3}{m} & D(r)\frac{r^2}{m} & D(r)\frac{r}{m} \\ \text{(III)} & D(\varrho)\,\varrho & D(\varrho) & D(\varrho)\frac{1}{\varrho} & D(\varrho)\frac{1}{\varrho^2} \end{array}$$

Erster Grund. Nach (II 1) würde in der halben Entfernung also $\frac{1}{2}r$ die doppelte Aetherdichte bestehen, da aber die flächenartige Kugelschale in der Entfernung $r$ 4mal so gross ist als in der Entfernung $\frac{1}{2}r$, so müsste offenbar in der Entfernung $\frac{1}{2}r$, wo doppelte Aetherdichte bestehen soll, nur die halbe Aethermenge von derjenigen in der Entfernung $r$ angezogen sein. Das ist aber ohne Frage eine Absurdität, weil anziehende Kräfte in grösserer Nähe stärker, nicht aber schwächer wirken. Nach (II 2) besteht in der halben Entfernung 4fache Aetherdichte und aus einer der vorigen analogen Ueberlegung würde daraus hervorgehen, dass in allen Abständen gleiche Aethermengen angezogen würden. Auch das ist nicht denkbar, weil es allen sonstigen analogen Erfahrungen widerspricht. Nach (II 3) besteht in der halben Entfernung die 8fache Aetherdichte, und es würde daher im Vergleich zum Abstand $r$ im halben Abstande die doppelte Aethermenge angezogen. Das liegt im Bereich der Möglichkeit, und daher bliebe die Frage, ob cubisches Verhältniss, vorläufig eine offene. Endlich nach (II 4) besteht in der halben Entfernung die 16fache Aetherdichte und es ist daher die 4fache Aethermenge angezogen, was mit dem Princip der Gravitation harmonirt. Hiernach ist einfaches und quadratisches Verhältniss ausgeschlossen und es bleibt die Wahl zwischen cubischem Verhältniss und biquadratischem Verhältniss mit Bevorzugung des letzteren.

Wegen der vielen die Perigravitationswirkung modificirenden Nebeneinflüsse ist es nicht leicht, thatsächlicher Gegenstände habhaft zu werden, welche soweit frei von diesen Nebeneinflüssen betrachtet werden können, um daran das Gesetz zu erproben. Bisher ist mir das nur in den folgenden fünf Fällen gelungen.

§ 61 e. Zweiter Grund. Man stelle sich ein aus zwei gleichen Atomen bestehendes Molekül in der Gleichgewichtslage vor, so dass also die anziehende Wirkung der beiden Atome der aus dem Druck der Aetherhüllen hervorgehenden Abstossung gerade das Gleichgewicht hält. Es ist dann zu untersuchen, für welche der Verhältnisse (1—4) eine solche Gleichgewichtslage des Abstandes der beiden Atome, wie er doch in der Wirklichkeit existirt, überhaupt möglich ist. Nach (II 1) wachsen die Entfernungsdichten und daher der Druck des Aethers im einfachen Verhältniss der Annäherung, während die Anziehung der Atome im quadratischen Verhältniss der Annäherung wächst. Mithin könnte gar keine Gleichgewichtslage bestehen, die Atome müssten vielmehr bis zur absoluten Berührung zusammengezogen werden, was der Wirklichkeit widerspricht. Nach

(II 2) wächst die Entfernungsdichte und daher der Druck des Aethers im quadratischen Verhältniss der Annäherung und ganz ebenso die Anziehung der Atome. Mithin bestände die Gleichgewichtslage bei jedem Abstand der Atome und ein von aussen her kommender Druck müsste die Atome bis zur absoluten Berührung zusammentreiben was abermals der Wirklichkeit widerspricht. Nach (II 3) dagegen wachsen die Entfernungsdichten und daher der Druck des Aethers im cubischen Verhältniss der Annäherung, die Anziehung der Atome aber nur im quadratischen Verhältniss, und darum ist eine Gleichgewichtslage sehr wohl möglich. Denn bei vergrössertem Abstande nehmen die Entfernungsdichten weit schneller ab als die Anziehung und umgekehrt bei verringertem Abstande nehmen die Entfernungsdichten weit schneller zu als die Anziehung, woraus eine Gleichgewichtslage hervorgehen muss. Zu einem analogen Resultat gelangt man nach (II 4), nur wächst hier mit der Annäherung die Aetherdichte noch viel rapider und umgekehrt, daher Schwankungen der Gleichgewichtslage infolge äusserer Antriebe in noch viel engere Grenzen eingeschlossen sind. Hiernach sind abermals in Bezug auf das Perigravitationsgesetz einfaches und quadratisches Verhältniss ausgeschlossen, während sowohl cubisches als biquadratisches Verhältniss möglich ist. In Bezug auf die Wahl dürfte das Folgende entscheidend sein.

§ 61f. Dritter Grund. Soeben war festgestellt, dass bei biquadratischem Verhältniss die Schwankungen der Gleichgewichtslage der beiden Atome infolge äussern Antriebs in viel engere Grenzen eingeschlossen sein müssen als nach cubischem Verhältniss. Es ist aber Thatsache, das Wasser trotz des gewaltigsten Drucks nur sehr minimale Volumverminderung erleidet. Das spec. Gewicht des Wassers ist 1, das des Platins 22,4, und da den Atomen der beiden Substanzen nach § 41 derselbe Urstoff zukommt, so muss das Wassermolekül eine ansehnliche Aetherhülle haben, und infolge eines äussern starken Antriebes müssten sich bei cubischem Verhältniss starke Schwankungen der Gleichgewichtslage geltend machen was aber thatsächlich nicht der Fall und nur zu erklären ist, wenn im Gesetz das biquadratische Verhältniss Geltung hat, denn alsdann wachsen die Aetherdichten und daher der Druck mit der Annäherung so rapide, dass einem äussern Antrieb sehr bald eine Grenze gesetzt wird. Dass Flüssigkeiten trotz starken Drucks nur minimale Volumverminderung erfahren, kann niemals aus der Wärmebewegung der Moleküle, sondern zum grössten Theil nur aus den Druck der

Aetherhüllen hergeleitet werden. Dieser Druck der Aetherhüllen ist bei den Gasen von gewöhnlicher Spannung kaum wahrnehmbar; hier wird der Gasdruck durch die Wärmebewegung der Moleküle erzeugt, aber, wie bekannt, genügt hier ein verhältnissmässig geringer äusserlicher Antrieb, um ansehnliche Volumverminderungen herbeizuführen, und erst bei starker Compression wird der Druck der Aetherhüllen wahrnehmbar.

Das hier Gesagte correspondirt vollkommen mit „dem Gesetz von der Erhaltung des Atoms" § 61; das eine bestätigt das andere. Alle mechanischen Instrumente endigen in Molekülen resp. Atomen mit ihren Aetherhüllen, die Atome können also nie bis zur absoluten Berührung vordringen, denn das verhindern die nach biquadratischem Verhältniss der Annäherung, also rapid zunehmenden Aetherdichten. Gelänge es aber auch die Atome bis zur absoluten Berührung zusammenzupressen, was jedoch niemals sein wird, selbst dann könnten die Atome weder vergrössert noch zertrümmert werden. Denn erstens könnten die Atome nur mit sehr geschwächter Energie, oder bei anhaltendem Druck mit sehr gemindertem Druck zusammentreffen, zur Zertrümmerung des Atoms, dessen kleinste Theilchen nach § 40 mit unendlich grosser Kraft zusammengehalten werden, würde aber eine unendlich grosse Energie erforderlich sein. Aus demselben Grunde kann auch niemals die Verschmelzung zweier oder mehrerer Atome zu einem Atome möglich sein, und etwas derartiges würde ausserdem noch verhindert werden durch die feste Aetherschicht, mit welcher jedes Atom infolge der Perigravitation umgeben ist. Diese feste Aetherschicht, deren Dichte nach Gleichung (III) bestimmt wird, ist keineswegs von absoluter Dichte, etwa nach Art der Urstoffdichte, sondern vielmehr von relativer Dichte nach Art eines Continuums flächenartig an der Atomoberfläche ausgebreitet und festgehalten. Die abstossende Wirkung, welche diese festen Aetherschichten bei absoluter Berührung zweier Atome äussern würden, wäre allein schon hinreichend, ein Zusammenfliessen zweier Atommassen zu verhindern.

Alle diese Gründe in ihrer Gesammtheit und im Verein mit dem Wachsthum der Aetherdichten mit dem biquadratischem Verhältniss der Annäherung haben zur Folge, dass das Atom weder zertrümmert noch vergrössert werden kann, dass es unter allen Umständen und für alle Zeiten unveränderlich ist, und dadurch ist begründet

„das Gesetz von der Erhaltung des Atoms."

**§ 61g. Vierter Grund.** Stoff und Aether ziehen sich gegenseitig an (Perigravitation), darum muss der Aether Schwere besitzen, und das ist nun zu constatiren.

Bei Wägungen in der Luft verliert ein Gas umsoweniger von seinem Gewicht (Gas vom spec. Gewicht der Luft erscheint gewichtslos), je schwerer es ist, und analog müssten sich die dichteren Aetherhüllen bei der Wägung geltend machen, da die weniger dichten sich von der gewöhnlichen Aetherdichte nur wenig unterscheiden. Nach Gleichung (III) des Perigravitationsgesetzes ist $D_{(\varrho)}\,\varrho = C_2$, und dem entsprechend hat, wie das Beispiel § 61c zeigt, das Atom mit kleinerem Radius die dichtere Oberflächenhülle, zugleich ist im dortigen Beispiel die richtige Erklärung für diesen scheinbaren Widerspruch zu finden, insofern hierbei der Abstand vom Gravitationsmittelpunkt massgebend ist, auch die Entfernungsdichten bei wachsendem Abstande rapid abnehmen. Das Wasserstoffatom hat mithin die dichteste Oberflächenhülle, und der dichtere Aether derselben müsste sich eventuell im Gewicht geltend machen, so dass das Wasserstoffatom im Vergleich zu den übrigen Atomen zu schwer, oder was dasselbe ist, dass die übrigen Atome zu leicht im Vergleich zum Wasserstoffatom wegen seines Aether-Mehrgewichts erscheinen würden.

Die genaue Bestimmung der Atomgewichte gehört nun zu den schwierigsten Aufgaben und ist erst mit einer gewissen Anzahl der Atomgewichte befriedigend durchgeführt, und ferner ist zu berücksichtigen, dass die Krystallgestalt, sowie etwaige noch unbekannte Ursachen modificirend auf die Aetherhüllen wirken, aber trotz alledem sind die Resultate, die ich namhaft machen werde, höchst überraschend.

Eins der am sichersten bestimmten Atomgewichte ist das des Kohlenstoffs zu 11,97. In der Voraussetzung, dass die Urstoffmengen in den Atomen wirkliche Vielfache der Urstoffmenge des Wasserstoffatoms sind, und daher die Unregelmässigkeiten in den Atomgewichten nur vom Aether-Mehrgewicht des Wasserstoffatoms herrühren, erscheinen also die 11,97 Gewichtstheile des Kohlenstoffatoms um 0,03 oder jeder einzelne Gewichtstheil des Kohlenstoffatoms um $\frac{1}{400}$ zu leicht. Wird also umgekehrt mit $\frac{1}{400}$ das Atomgewicht des Kohlenstoffs multiplicirt, das daraus hervorgehende Aethergewicht zum Atomgewicht addirt, so muss natürlich die Zahl 12 erhalten werden. Multiplicirt man nun alle einigermassen genauen Atomgewichte mit 1:400 und addirt das Produkt zum Atomgewicht, so erhält man mit wenigen Ausnahmen Zahlen, die fast ganz als Vielfache des Wasserstoff-Atomgewichts erscheinen, und das ist ganz besonders für die schweren Atome, wo die Atomgewichte von den Wassersoff-Vielfachen ansehnlich abweichen, von wesentlicher Bedeutung.

Die nachfolgenden Beispiele mögen das veranschaulichen: Das Atomgewicht des Sauerstoffs 15,96 mit 1 : 400 multiplicirt, ergiebt das berechnete Aethergewicht 0,04 und dieses zum Atomgewicht addirt, die Zahl 16,00. Analog steht in den folgenden Beispielen hinter dem chemischen Symbol das möglichst genaue Atomgewicht, hinter dem $+$-Zeichen das durch Multiplication mit 1 : 400 berechnete Aethergewicht und hinter dem $=$-Zeichen das annähernde Vielfache des Wasserstoff-Atomgewichts.

$O$   $15,96 + 0,04 = 16,00$      $Zn$  $64,88 + 0,16 = 65,04$
$Ca$  $39,91 + 0,10 = 40,01$      $Cd$  $111,7 + 0,28 = 111,98$
$Mg$  $23,94 + 0,06 = 24,00$      $Au$  $196,6 + 0,49 = 107,09$
$Mn$  $54,8 + 0,14 = 54,94$       $Pb$  $206,4 + 0,52 = 206,92$
$Fe$  $55,88 + 0,14 = 56,02$      $Bi$  $207,5 + 0,52 = 208,02$

Aehnliche Resultate erhält man mit der Gruppe Chlor, Brom, Jod, Silber und Platin. Noch mehr nähern sich diese Resultate ganzen Zahlen, wenn man für diese Gruppe den Factor 1 : 300 zur Multiplication verwendet. Chlor tritt als eine der wenigen Ausnahmen auf, welche ein halbes Vielfache des Wasserstoffatoms enthalten. Es ist:

$Cl$  $35,37 + 0,12 = 35,49$      $Ag$  $107,66 + 0,35 = 108,01$
$Br$  $79,76 + 0,26 = 80,02$      $Pt$  $194,34 + 0,65 = 194,99$
$J$   $126,54 + 0,42 = 126,96$

Für die Stickstoffgruppe ist zum Multipliciren der Factor 1 : 800 zu verwenden, worauf sich ergiebt:

$P$   $30,96 + 0,04 = 31,00$      $N$   $14,01 + 0,017 = 14,027$
$As$  $74,9 + 0,094 = 74,994$

Die Bestimmung des wahren Atomgewichts für $N$ gehört zu den schwierigsten Aufgaben. Es kann mit ziemlicher Sicherheit vorausgesagt werden, dass das wahre Atomgewicht für $N$ zu 13,98 gefunden werden wird.

Kalium und Natrium fügen sich nicht, vorausgesetzt, dass die jetzigen Atomgewichte richtig sind. Diese beiden Elemente nehmen aber in Betreff der Aetherhüllen noch in anderer Beziehung eine isolirte Stellung ein, was sicher besonderen Ursachen zuzuschreiben ist.

Mit Hinsicht auf die Unsicherheit unserer Kenntniss der wahren Atomgewichte in verschiedenen Fällen, und unter Berücksichtigung, dass die Krystallform der Atome sowie etwaige andere unbekannte Ursachen mitwirken, geht doch aus den obigen Mittheilungen hervor, dass die Urstoffmengen derjenigen Atome, deren Atomgewichte genauer bekannt sind, wirkliche Vielfache der Urstoffmenge des Wasserstoffatoms sind, und besonders ist hervorzuheben, dass dieses auch in Bezug auf die schweren Atome gilt, trotz der ansehnlichen Abweichung ihrer Atomgewichte vom Wasserstoffvielfachen.

Als die genaueren Atomgewichte bestimmt waren, bedauerte man, die liebgewordene Idee aufgeben zu müssen, dass die Atome Vielfache des Wasserstoffatoms wären; aber gerade umgekehrt verhält es sich. Das Perigravitationsgesetz weist nach, dass erst auf Grund der genaueren Atomgewichte sich die Idee verwirklicht, dass die Urstoffmengen der Atome Vielfache der Urstoffmenge des Wasserstoffatoms sind. Das Gesetz zeigt ferner, dass bei den Wägungen (namentlich von Wasser) ganz ansehnliche Quantitäten von Aether mitgewogen werden.

Nach dem Perigravitationsgesetz (Gleichung III) haben die übrigen Atome viel weniger dichte Aetherhüllen als das Wasserstoffatom, daher ihre wägbaren Aethermengen trotz grösserer Ausdehnung ihrer Aetherhüllen (Gleichung IV) um so geringer sind, als sich diese wägbare Aethermenge auf eine grössere Anzahl von Gewichtstheilen des Atoms vertheilt. Kennten wir genau den wägbaren Aether der einzelnen Atome u. s. w., so würden die betreffenden Zahlen ganze Zahlen sein. Vorläufig müssen wir uns mit einem Durchschnittswerth an Aethermehrgewicht im Wasserstoffatom begnügen, der mit Hinsicht auf die Factoren der obigen Gruppe auf 0,0028 zu bemessen ist. Nimmt man daher Wasserstoff $= 1,0028$ und berechnet darnach die übrigen Atomgewichte, so gehen dieselben wie durch Zauber in Zahlen über, die fast völlig sich ganzen Zahlen nähern. Es handelt sich hierbei gerade um die Atomgewichte der wichtigsten Elemente, und wenige, auf unbekannte Ursachen zurückzuführende Ausnahmen können diese für die überwiegende Mehrheit geltende Regel nicht in Frage stellen; ja geradezu ausschlaggebend ist es, dass die Atomgewichte der 8 schweren Atome, welche von ganzen Zahlen so sehr abweichen, hierdurch ebenfalls fast völlig zu ganzen Zahlen werden. (Chlor erhält jedoch 35,5 und Strontium 87,5.)

Vor- und nachstehend sind die Atomgewichte nach *L. Meyer* und *Seubert* benutzt; dieselben stehen bei den folgenden Beispielen in Klammer hinter dem Symbol und daneben die auf Wasserstoff = 1,0028 berechneten Atomgewichte. Der Kürze halber führe ich nur die Resultate an für die 8 schweren Atome als die bedeutungsvollsten:

$Ag$ (107,66) 107,96     $Pt$ (194,34) 194,89
$Cd$ (111,7 ) 112,01     $Au$ (196,6 ) 197,15
$Sb$ (119,6 ) 119,93     $Pb$ (206,4 ) 206,98
$J$ (126,54) 126,90     $Bi$ (207,5 ) 208,08

Durch das Obige ist zugleich die Analyse des Wasserstoffs auf seinen Gehalt an Urstoff und wägbarem Aether (feste Aetherschicht und sehr verdichtete Aetherhülle) ausgeführt. 100 Gewichtstheile Wasserstoff enthalten demnach 99,7 Procent Urstoff und 0,3 Procent wägbaren Aether. Der Procentgehalt des letzteren ist von 0,28 auf 0,3 Procent erhöht, mit Rücksicht darauf, dass der Wasserstoff ja auch denjenigen Antheil an wägbarem Aether enthält, welcher jedem Gewichtstheil der übrigen Atome als Durchschnittswerth zukommt. Die angegebenen Procentzahlen können sich höchstens um 0,1 Procent von den wahren Procentzahlen unterscheiden. Wer hätte je die Analyse des Wasserstoffs auf Urstoff und wägbaren Aether für möglich gehalten! Das Perigravitationsgesetz hat die Mittel dazu geliefert.

**§ 61h. Fünfter Grund.** Als Basis der folgenden Untersuchung dient die grosse Masse der Erde, welche eventuell zur Urstoffdichte verdichtet als Riesenatom vorzustellen ist. Nimmt man an, dass die Urstoffdichte 27 mal so gross als die mittlere Erddichte sei, so würde dieses Riesenatom den 27 sten Theil des Raums der Erde einnehmen und sein Halbmesser würde ein Drittel des Erdhalbmessers sein. Da die Erdmasse aus lauter Atomen besteht, so muss jedes dieser Atome natürlich seine Aetherhülle haben, aber andererseits in Bezug auf die Gesammtmasse der Erde muss an deren Oberfläche eine gewisse Aetherdichte vorhanden sein, welche nach dem Perigravitationsgesetz, oder um dieses vergleichsweise nach den übrigen denkbaren Verhältnissen zu prüfen, nach den Ausdrücken des oben aufgestellten Schemas zu bestimmen ist. Zu diesem Zweck die Aetherdichte an der Oberfläche des Wasserstoffatoms gleich 1 gesetzt, würde, da der Halbmesser des Riesenatoms im Vergleich zum Radius des Wasserstoffatoms fast unendlich gross ist, die Aetherdichte an der Oberfläche des Riesenatoms nach (III 1) fast unendlich mal unendlich so gross sein müssen, als die an und für sich schon sehr grosse Aetherdichte an der Oberfläche des Wasserstoffatoms, was total der Wirklichkeit widerspricht, auch wenn man wegen des dreimal so grossen Erdhalbmesses nach (II 1) auf $\frac{1}{3}$ der Dichte zurückgehen würde. Nach quadratischem Verhältniss, also (III 2) berechnet sich die Aetherdichte an der Oberfläche des Riesenatoms zu fast unendlich mal so gross als die Aetherdichte an der Oberfläche des Wasserstoffatoms, was abermals total der Wirklichkeit widerspricht, auch wenn man wegen des dreimal so grossen Erdhalbmessers auf $\frac{1}{9}$ der Dichte nach (II 2) zurückgeht. Nach cubischem Verhältniss, also (III 3) würde an der Oberfläche des Riesenatoms gleiche Aetherdichte wie diejenige an der Oberfläche des Wasserstoffatoms und wegen des dreimal grösseren Erdhalbmessers nach (II 3) $\frac{1}{27}$ dieser Aetherdichte an der Oberfläche der Erde bestehen. Eine solche Dichte erscheint aber zu hoch in Anbetracht der Wirklichkeit und mit Rücksicht darauf, dass die Aetherdichte an der Oberfläche des Wasserstoffatoms eine sehr grosse sein muss, weil es niemals gelingt, die beiden Wasserstoffatome bis zur absoluten Berührung zusammenzupressen. Endlich würde nach biquadratischem Verhältniss, also nach (III 4) die Aetherdichte sowohl an der Oberfläche des Riesenatoms als auch bei dreimal grösserem Abstande an der Oberfläche der Erde fast unendlich mal so klein sein müssen als die Aetherdichte an der Oberfläche des Wasserstoffatoms, d. h. sie würde sich kaum von der Aetherdichte des Weltraums unterscheiden. Das stimmt mit der Wirklichkeit überein, und es sei nochmals daran erinnert, dass natürlich jedes Atom der Erdmasse seine eigne Aetherhülle hat, dass nach dem Erdinnern zu die allgemeine Aetherdichte sich vergrössern muss, dass aber in Bezug auf die ganze Erdmasse an der Erdoberfläche nach dem Perigravitationsgesetz Gleichung (III) eine Aetherdichte bestehen muss, die sich nicht wesentlich von der Aetherdichte des Weltraums unterscheidet.

Das Ergebniss ist auch hier wieder wie in allen bisherigen Fällen, dass das Perigravitationsgesetz, welches nach biquadratischem Verhältniss eingerichtet ist, Resultate ergiebt, die mit der Wirklichkeit übereinstimmen, während einfaches und quadratisches Verhältniss gänzlich auszuschliessen sind. Das cubische Verhältniss ist zwar mehrfach bedenklich, seine Möglichkeit muss aber bis auf Weiteres vorbehalten bleiben. Der sechste Grund wird nach Ableitung des Gesetzes des potentiellen Atomabstandes angegeben werden.

§ 61j. Zur Ermittelung des potentiellen Atomabstandes ist weiter das Antigravitationsgesetz nöthig, dessen Formulirung keine Schwierigkeiten macht. Alle die verschiedenen Molekulartheorien des Aethers sind § 42—48 als gänzlich unhaltbar erwiesen, der Aether ist vielmehr nach dort als elastisches Continuum aufzufassen, dessen Theilchen sich abstossen, und der daraus hervorgehende Aetherdruck *(P)* ist proportional der Dichte *D*. In Zeichen ist mithin

$$\frac{D}{P} = C_4 \ldots \text{(V)},$$

wobei $C_4$ wieder eine Constante ist, welche analog dem Gravitationsfactor $f$ nicht berechnet, sondern nur experimentell festgestellt werden kann.

§ 61k. Stellt man aus Gleichung (V) $D = P C_4$ in Gleichung (II) ein für $D_{(r)}$, was offenbar damit identisch ist, so erhält man

$$P_{(r)} \frac{r^4}{m} = \frac{C_1}{C_4} \ldots \text{(VI)}.$$

In dieser Gleichung giebt $P_{(r)}$ die Druckwirkung des Aethers in der Entfernung $r$ an. Stellt man sich nun zwei gleiche Atome im Abstand $2r$ vor, so wird offenbar Gleichgewichtslage des Atomabstandes erzielt, wenn die Anziehung der beiden Atome in der Entfernung $2r$ grade so gross ist als die entgegenstehende Aetherdruckwirkung der beiden Atome in der Entfernung $r$. Man hat also behufs Combination zuerst in der Constantenformel des Gravitationsgesetzes als Entfernung $2r$ einzustellen und durch den so hervorgehenden Ausdruck des Gravitationsgesetzes $\frac{k \, 4 \, r^2}{m \cdot m} = f$ die Gleichung (VI) zu dividiren. Das ergiebt $\frac{P \, r^4}{m \, k} \frac{m \, m}{4 \, r^2} = \frac{C_1}{C_4 \, f}$.

Vereinfacht man, zieht alle Constanten nach rechts zusammen zu der neuen Constanten $C_5$ und überlegt, dass im Fall des Gleichgewichts $P = k$ sein muss, so resultirt

$$m \, r^2 = C_5 \ldots \text{(VII)} \, {}^*).$$

In Worten: **Bei Annahme von Kugelgestalt der Atome ist das Quadrat des potentiellen Abstandes zweier gleicher Atome umgekehrt proportional der Atommasse.**

Wenn man daher unter den angezeigten Bedingungen, und abgesehen von anderen gewichtigen Nebeneinflüssen den potentiellen Abstand der Wasserstoffatome im Wasserstoffmolekül gleich 1 setzt, so sind die potentiellen Abstände der Atome im Sauerstoffmolekül,

---

*) Sollten weitere Thatsachen beweisen, dass für das Perigravitationsgesetz nicht das biquadratische sondern das cubische Verhältniss Geltung hat, so würde die Gleichung (VII) lauten: $m \, r = C_5$.

Stickstoffmolekül und Platinmolekül die reciproken Werthe der Quadratwurzeln ihrer Atomgewichte, mithin $\frac{1}{4}$ resp. $\frac{1}{3,7}$ und $\frac{1}{13,9}$*).

Man sollte es kaum für möglich halten, dass hier, wo es galt, die gleichzeitige Wechselwirkung der drei Urkräfte im Fall ihres gegenseitigen Gleichgewichtes zu ermitteln, wo also das Gravitationsgesetz, das Perigravitationsgesetz und das Antigravitationsgesetz in geeigneter Weise zu combiniren war, dass trotzdem daraus ein so wunderbar einfaches Resultat hervorging. Freilich werden damit wohl die einfachen Ausdrücke ihr Ende erreicht haben, denn es kommen nun weitere ebenso bedeutsame als complicirte Nebeneinflüsse zur Geltung, und ich lege darum die bisherigen Resultate zur Controle und Erweiterung den Forschern im Gebiete der mathematisch-physikalischen Wissenschaften vor, welche schon ganz anderer Schwierigkeiten Herr geworden sind. Es wurde nöthig, hier verschiedenes, z. B. den wichtigen potentiellen Abstand vorweg zu nehmen; die volle Bedeutung desselben wird erst aus dem folgenden Artikel ersichtlich sein.

§ 61I. **Nachtrag.** Wie aus dem Vorangehenden ersichtlich, ist die Constante der Gleichung (VII) $C_5 = \dfrac{C_1}{C_4 f}$. Setzt man letztere in Gleichung (VII) anstatt $C_5$ ein, nimmt $f$ nach links, multiplicirt mit 2, und stellt die Masse der beiden Atome, also $2m$ durch $M$ dar, so ist

$$f M r^2 = \frac{2 C_1}{C_4} \ldots (1).$$

Die Masse dieses Doppelatoms denke man sich vorübergehend als Kugel mit dem Radius $\varrho$, und der vom Doppelatom eingenommene Raum sei $n$ mal in dem mit dem potentiellen Abstand $r$ beschriebenen Kugelraum enthalten, dann wird, da sich die Kugelräume wie die Cuben ihrer Radien verhalten:

$$\frac{\varrho^3 n}{r^3} = 1 \ldots (2).$$

---

*) **Der sechste Grund**, dass für das Perigravitationsgesetz das biquadratische und nicht das cubische Verhältniss Geltung habe, ist folgender: Nach cubischem Verhältniss, also entsprechend nach der Gleichung der vorigen Anmerkung $m r$ $C_5$, würden die potentiellen Abstände der Atome im Molekül des Wasserstoffs, Sauerstoffs, Stickstoffs und Platins sich verhalten $= 1 : \frac{1}{16} : \frac{1}{14} : \frac{1}{194}$. Diese Verhältnisse scheinen ohne Frage viel zu schnell abzunehmen. Nach Gleichung (VII) verhalten sich dagegen die potentiellen Abstände

$$1 : \frac{1}{4} : \frac{1}{3,7} : \frac{1}{13,9},$$

was, unter Berücksichtigung der übrigen wichtigen Nebeneinflüsse, gut mit der Wirklichkeit übereinzustimmen scheint.

Multiplicirt man beide Theile dieser Gleichung mit $\frac{4}{5} \pi \sigma$ und bedenkt, dass, $\frac{4}{3} \pi \varrho^3 \sigma = M$ ist, so erhält man

$$\frac{3}{5} \frac{M n}{r^3} = \frac{4}{5} \pi \sigma \ldots (3).$$

Multiplicirt man Gleichung (1) mit Gleichung (3), vereinfacht und fasst alle Constanten rechts zu der neuen Constante $C_6$ zusammen, so wird

$$\frac{3}{5} f \frac{M^2}{r} \cdot n = C_6 \ldots (VIII).$$

Es stellt $\frac{3}{5} f \frac{M^2}{r}$ das Potential der Masse $M$ auf sich selbst dar, worin $r$ nicht wie sonst variabel ist, vielmehr steht hier $r$ als potentieller Abstand in sehr bestimmter Abhängigkeit von $M$ resp. $m$. Dieses specielle Potential hat nun die merkwürdige Eigenschaft, dass es in Bezug auf alle gleichatomigen Moleküle geltend, mit der Verhältnisszahl $n$ (welche angiebt, wie oft der Raum der Mokülmasse in dem mit dem potentiellen Abstande $r$ als Radius beschriebenen Kugelraum enthalten ist) multiplicirt, immer eine constante Grösse ergiebt.

Beispiel: Man habe für Wasserstoff $\varrho$, $r$ und $n = \frac{r^3}{\varrho^3}$, für Sauerstoff, wie leicht ersichtlich $16^{\frac{1}{3}} \varrho$, $\frac{1}{4} r$ (Bestimmung dieses potentiellen Abstandes s. § 61 k) und $n' = \frac{(\frac{1}{4} r)^3}{16 \varrho^3} = \frac{r^3}{64 \cdot 16 \varrho^3}$, so wird

$$\frac{3}{5} f \frac{(2 \cdot 1)^2}{r} \cdot \frac{r^3}{\varrho^3} = \frac{3}{5} f \frac{(2 \cdot 16)^2}{\frac{1}{4} r} \cdot \frac{r^3}{64 \cdot 16 \varrho^3}.$$

Diese Gleichung ist identisch, da $4 = \frac{4 \cdot 16 \cdot 16}{\frac{1}{4} 64 \cdot 16}$, und ferner giebt der Ausdruck die betreffenden Potentiale für Wasserstoff und Sauerstoff an. Das Potential Gleichung (VIII) ist nicht mit dem Molekularpotential im „mechanischen Modell der chemischen Reaction" (§ 75) indentisch, steht aber zu demselben in naher Beziehung.

# Die chemischen und physikalischen Eigenschaften und »das mechanische Modell der chemischen Reaction«.

**§ 62.** In § 41 ist nachgewiesen, dass allen Atomen und daher auch allen Substanzen derselbe Urstoff zu Grunde liegt, und es ist nun die nächste Aufgabe, die vielen Specialkräfte des Stoffs an der Hand von Thatsachen einer Untersuchung zu unterziehen. Von der Anziehung zweier Weltkörper bis zur Anziehung zweier adhärirender Platten ist zwar ein gewaltiger Sprung, aber wer hätte den Muth, zu behaupten, dass in beiden Fällen nicht die Gravitation, sondern verschiedene Grundkräfte wirksam wären! Zwei noch so vollkommen polirte Adhäsionsplatten berühren sich nur möglichst, also nicht absolut, denn das verhindern die Aetherhüllen (§§ 58—60), in den drei Stützpunkten resp. Molekülen der beiden Platten, die übrigen Punkte sind mehr oder weniger weit von einander entfernt, daher die anziehende Wirkung (Adhäsion) verhältnissmässig gering ausfällt. Sie wird stärker zwischen einer Platte und einer benetzenden Flüssigkeit, oder zwischen zwei Platten, welche mit Flüssigkeit Talg, Leim überzogen sind. Diese gesteigerte Adhäsion geht, wenn zwei Metallstücke zusammengelöthet werden, geradezu über in Cohäsion, und diese beiden Specialkräfte sind daher nur als Modificationen der Gravitation zu fassen. Die nächste Stufe ist die Auflösungskraft, welche stärker ist als die Cohäsionskraft, weil sie letztere überwindet, d. h. beispielsweise, dass die Anziehung der Wassermoleküle zum aufzulösenden Kochsalzmolekül grösser ist als die Anziehung der Kochsalzmoleküle untereinander. Offenbar verhält sich aber die Anziehung der Kochsalzmoleküle gegeneinander zur Anziehung der Wassermoleküle zum Kochsalzmolekül ganz ähnlich wie die Adhäsion zweier Platten zur Adhäsion einer Platte und Flüssigkeit, und diese Analogie berechtigt zu dem Schluss, dass auch die Auflösungskraft eine Specialkraft ist, die mit den erforderlichen Modificationen auf dieselbe Grundkraft zurückzuführen ist, wie die Cohäsionskraft. Je stärker die Anziehung, um so näher treten die Moleküle, also muss z. B. bei Auflösung von Kochsalz in Wasser der potentielle Abstand im System der Wasser- und Kochsalzmoleküle verringert, mithin Wärme frei werden. Andererseits bedingt die Ueberwindung der Cohäsionskraft der Kochsalzmoleküle Wärmeverbrauch, und es wird daher nur die Differenz dieser beiden Wärmemengen bei der Auflösung ersichtlich. Daher eine so geringe

Temperaturerniedrigung beim Auflösen von 1 Kilo Kochsalz in 4 Kilo Wasser, hingegen eine so bedeutende Wärmebindung beim Lösen von 1 Kilo Schnee in 4 Kilo Wasser. Die oben gedachte Differenz der Wärmemengen ist für verschiedene Substanzen sehr verschieden nach Richtung und Quantität; so entsteht beim Auflösen von Rhodankalium in Wasser starke Kälte, beim Auflösen von Kochsalz sehr wenig Kälte, beim Auflösen von wasserfreiem Chlorcalcium sogar viel Wärme.

Hiermit sind wir successive bis zur Specialkraft der Krystallwasserverbindung angelangt, sind also zu der Annahme berechtigt, dass auch diese Specialkraft nur eine Modification der bisherigen Grundkraft sei. Die Wassermoleküle sind dem Chlorcalciummolekül näher getreten als dem Kochsalzmolekül, daher eine stärkere Wärmeentwickelung, und ferner macht sich die grössere Verwandtschaft dadurch geltend, dass sich beim Auskrystallisiren das Kochsalzmolekül ohne Wasser abscheidet (stärkere Anziehung der Kochsalzmoleküle unter einander), während das Chlorcalciummolekül eine gewisse Anzahl von Wassermolekülen (die bei verschiedenen Stoffen je nach den Umständen sehr verschieden werden kann) im genäherten, also verdichteten oder festen Aggregatzustande festhält.

Von dieser Specialkraft ist der Schritt resp. Uebergang zur Specialkraft der sogenannten chemischen Additionsprodukte*) und endlich zur Specialkraft der chemischen Affinität**) ein so allmäliger, ein so subtiler, dass selbst dem erfahrenen Chemiker in vielen Fällen die Entscheidung schwer fällt. Die Specialkräfte der sog. chemischen Additionsprodukte und chemischen Affinität sind also abermals als Modificationen der allgemeinen Grundkraft zu fassen, und alle diese Specialkräfte erscheinen somit als Formen der Gravitationskraft (Gravitation entfernter Stoffmassen) mit allmälig sich verringerndem potentiellem Abstande in nachstehender Reihenfolge: Adhäsionskraft, Cohäsionskraft, Auflösungskraft, Kraft der Krystallwasserverbindung, Kraft der sog. chemischen Additionsprodukte, chemische Affinität. Die Cohäsionskraft z. B. beruht also auf Molekularattraction, die chemische Affinität auf Atomattraction mit verringertem potentiellen Abstand.

Alle diese Specialkräfte haben im Sprachgebrauch eine doppelte Bedeutung: 1. Im Sinne der „Kraft" ist die Ursache, also die an-

---

*) Z. B. in den Doppelsalzen und basischen Salzen.
**) Z. B. in den Salzen und im Wasser.

ziehend wirkende Gravitationskraft unter den durch die Specialkraft bezeichneten Modificationen in's Auge gefasst. 2. Im Sinne der „Energie" bedeuten alle diese Specialkräfte die sogenannten Spannkräfte mit allmälig von der Adhäsion bis zur chemischen Affinität sich verringerndem potentiellem Abstand und der Fähigkeit, diesen potentiellen Abstand resp. potentielle Energie (theilweise) in kinetische Energie umzusetzen.

§ 63. Also für alle Körper ein und derselbe Urstoff und trotz der Specialkräfte dieselbe Grundkraft. Aber wie in aller Welt soll man dann das unabsehbare Heer der speciellen Eigenschaften der Körper in physikalischer und chemischer Beziehung erklären, und wenn man auch zu diesem Zweck, was ohne Frage begründet ist, auf die physikalischen und chemischen Eigenschaften der Atome zurückgeht, wo ist der leitende Faden, der durch dieses Labyrinth führt? Jedes Atom der vielen Elemente erscheint da gleichsam mit einer so riesigen Last von Eigenschaften bepackt, dass es unbegreiflich erscheint, wie ein so kleines Ding eine so grosse Last tragen kann. —

Wie also sind im Atom aus demselben Urstoff mit derselben Grundkraft die verschiedenen chemischen und physikalischen Eigenschaften zu erklären? Da die Atome der Elemente verschiedene Quantitäten enthalten (Atomgewichte), so denke man sich 10 verschieden grosse Kugeln desselben Stoffs z. B. von Eisen auf den Tisch gelegt. Wie in aller Welt soll aus der verschiedenen Grösse der eisernen Kugeln irgend nennenswerthe oder gar belangreiche Specialeigenschaften herausgedeutet werden? Nun denke man sich, aus 10 anderen eisernen Kugeln von passender Grösse werde dargestellt: aus der ersten Draht, aus der zweiten Nägel und so fort ein Hammer, eine Zange, ein Sägeblatt, ein Mörser, eine Rolle, eine Kette, ein Schlüssel und ein Thürschloss. Und nun vergleiche man alle diese so überaus mannigfaltigen und verschiedenen Gegenstände mit den ersteren 10 Kugeln, so sieht man sofort ein, dass eine Veränderung der Gestalt eine ganze Reihe von Specialeigenschaften bedingt. Die vorher sich kaum unterscheidenden Eisenkugeln können infolge der Gestaltsveränderung zu den verschiedensten Zwecken dienen; der Stoff Eisen hat dadurch Specialeigenschaften gewonnen.

Nimmt man nun die Natur zur weiteren Führerin, beachtet man also, dass alle künstlichen wie natürlichen (nicht organisirten) Substanzen, wenn keine veranlassende Störung vorliegt, in Krystallform auftreten, so erscheint die folgende Schlussfolge einfach und begründet. Ein Krystall ist Aggregat von Molekülen, daher werden auch die Moleküle krystallographische Gestalt haben; das Molekül ist ein Aggregat von Atomen, daher wird anch das Atom krystallographische Gestalt haben.

**§ 64.** Probe: Schnee und Eis krystallisirt im hexagonalen System. Fasst man die Atome als Kugeln, so ist es eine absolute Unmöglichkeit, aus zwei kleinen Wasserstoffkugeln und einer dem Volumen und Gewicht nach 16mal grösseren Sauerstoffkugel trotz aller denkbaren Combinationen eine hexagonale Configuration herauszubringen.

Denkt man sich dagegen das Sauerstoffatom als eine an den Endspitzen stark abgestumpfte sechsseitige Doppelpyramide, und auf die beiden grossen Endflächen unter Berücksichtigung der für die Aetherhüllen nöthigen Zwischenräume zwei Wasserstoffatome z. B. in Tetraëderform aufgesetzt, so würden die kleinen Unregelmässigkeiten durch die Aetherhüllen ausgeglichen, und das Resultat wäre eine sechsseitige Doppelpyramide.

Beiläufig sei erwähnt, dass überhaupt der Mittelpunkt grosser Flächen dem Schwerpunkt am nächsten liegt, grosse Flächen werden daher das Näherrücken der Schwerpunkte ermöglichen und stehen sicher in naher Beziehung zu den sog. Valenzen. So erscheinen im obigen Beispiel zwei grosse Endflächen am Sauerstoffatom, welches zwei Valenzen hat.[*] Es eröffnet sich somit ein ebenso interessantes als bedeutungsvolles Feld der Forschung, die Atomkrystallographie, aber wenn irgendwo, so ist es hier nöthig, besonnen Schritt vor Schritt vorwärts zu gehen. Als Anhaltspunkte können dienen die Krystallform der Elemente, wobei jedoch der Polymerisation Rechnung zu tragen, sodann die Veränderung der Krystallform durch Eintritt eines Atoms in verschiedene Verbindungen, die Valenzen, periodisches System, Atomvolumen u. s. w. —

**§ 65.** Es ist nun zu zeigen, wie die verschiedene krystallographische Gestalt des Atoms verschiedene Eigenschaften hervorruft. Denkt man sich, Sonne und Erde hätten anstatt Kugelgestalt Würfelgestalt, oder die Sonne wäre ein Würfel und die Erde ein Octa-

---

[*] Es ist selbstredend, dass die obige Form des Sauerstoff-Atomkrystalls nur eine vorläufig vermuthete ist, und dass das vielköpfige Problem der Valenztheorie nicht im Handumdrehen gelöst werden kann. Die Form der Atomkrystalle wird auch hier wie in so vielen anderen Fällen eine wichtige Rolle spielen, und die Chemie wird früher oder später genöthigt sein, das Studium der Atomkrystallographie mit allem Ernst in Angriff zu nehmen.

eder, so müssen in allen Fällen die Gravitationswirkungen dieselben sein. Ganz anders aber verhält es sich, wenn man sich zwei Atome in atomistischer Nähe vorstellt, dann wird es wegen der grossen Nähe einen bedeutenden Unterschied ausmachen, ob sich Würfel und Octaëder gegenüberstehen. Die Anziehungen von Eck auf Eck, auf Kante, auf Fläche, auf Schwerpunkt, auf die verschieden gelegensten Punkte u. s. w. wird sehr wesentlich modificirt sein, weil die Differenzen derartiger Abstände grosse Bruchtheile der Schwerpunktsabstände sind, während es im obigen Beispiel (Sonne und Erde) verschwindend kleine Bruchtheile der Schwerpunktsabstände von Sonne und Erde waren. Es sind damit also eine unerschöpfliche Quelle von Wechselbeziehungen zwischen den Atomen gegeben, und diese werden wesentlich vermehrt durch die grosse Mannigfaltigkeit der Krystallformen, welche die 6 Krystallsysteme bieten.

§ 66. Bisher ist nur von den drei Urkräften die Gravitation herangezogen worden; da aber die Perigravitation, welche §§ 58—62 aus einer Reihe von Thatsachen begründet wurde und sich nachstehend auf's glänzendste erproben wird, um das Atom herum eine Aetherhülle bildet, so wird unter gleichzeitigem Zusammenwirken mit der dritten Urkraft der Antigravitation (Elasticität, Abstossung der Aethertheilchen) die Grenze des Abstands der Atome normirt, oder der hochwichtige potentielle Abstand der Atome bestimmt. Ohne Frage ist auch die Wärmebewegung oder Temperatur von eingreifender Bedeutung, ebenso auch der Druck sowohl für molekulare als atomistische Verhältnisse, und es ergeben sich somit folgende 8 Ursachen der chemischen und physikalischen Eigenschaften des Atoms:

„Gewicht des Atoms, krystallographische Gestalt des Atoms
„Gravitation, Perigravitation, Antigravitation, potentieller Abstand,
„Temperatur und Druck."

Diese 8 Ursachen werde ich im Folgenden immer bezeichnen als „die 8 Eigenschaftsursachen" des Atoms, und da öfter darauf zu verweisen ist, bitte ich, dieselben in ihrer Gesammtheit wohl zu merken. Möglicherweise sind noch weitere zufällige Ursachen zu berücksichtigen, welche aber vorläufig von untergeordneter Bedeutung sind.

Auf den ersten Blick sieht man nun, wie aus diesen 8 Eigenschaftsursachen eine unermessliche Fülle von Eigenschaften hervorgehen muss, namentlich durch ihre Wechselbeziehungen; denn ändert sich die eine Ursache, so werden dadurch die 7 übrigen sofort beeinflusst und daher modificirt. Aus den Atomen geht aber das

Molekül hervor, indem die Eigenschaften des Atoms grundlegend für die Eigenschaften des Moleküls sind, und dieses Zusammentreten der Atome zu Molekülen muss daher eine neue unerschöpfliche Quelle von Eigenschaften der Körperwelt sein. Die Eigenschaften des Atoms, des Moleküls, kurz der Körperwelt sind in natürlicher, ungezwungener Weise aus den 8 Eigenschaftsursachen des Atoms zu erklären, man hat nun nicht mehr nöthig, das Atom, dieses winzige Ding, mit einer schier untragbaren Last der unbegreiflichsten, gespensterhaftesten Eigenschaften zu bepacken.

§ 67. Wie einfach gestaltet sich z. B. die Erklärung des Lichtbrechungsexponenten! Aus Gewicht und Gestalt der Atome resp. der daraus zusammengesetzten Moleküle geht unter dem Einfluss der drei Urkräfte der potentielle Abstand der Moleküle hervor, welcher je nach Temperatur und Druck modificirt wird. Aus diesem Abstand der Moleküle folgt aber die Dichte der Aetherhülle, daher die Schnelligkeit oder Verzögerung der Lichtwelle und daraus der Grad der Brechung und endlich der Lichtbrechungsexponent. Dieser ist somit bis auf die Grundeigenschaften von Stoff und Kraft zurückgeschoben (Erklärungsverschiebung), also vollständig erklärt, soweit es das menschliche Begriffsvermögen zulässt. Ich sehe hier vorläufig von quantitativen Erörterungen ab, erstens weil die obigen 8 Eigenschaftsursachen bedeutende Complicationen bedingen (am Ende des Artikels ist jedoch das „mechanische Modell der chemischen Reaction" aufgestellt), und sodann, weil hier die Theorie in ihren Grundzügen, nicht in ihren Einzelheiten zu entwickeln ist.

Dass die 8 Eigenschaftsursachen, besonders die krystallographische Gestalt der Atome oder Moleküle, die Lichtwelle nicht nur in Bezug auf Brechung, sondern auch hinsichtlich der Reflexion, Farbenzerstreuung, Interferenzerscheinungen u. s. w. wesentlich beeinflussen müssen, ist unschwer einzusehen; für die electrischen und magnetischen Erscheinungen kann ein derartiger Einfluss vorläufig nur geahnt werden.

§ 68. Um so sicherer macht sich dieser Einfluss geltend bei den Wärmeerscheinungen, und da die Wärmebewegung jetzt eine so grosse Rolle spielt, so lege ich besonderes Gewicht darauf, dass namentlich in Bezug auf diese wichtige Form der Bewegung recht klare und anschauliche Vorstellungen gewonnen werden. Von Discussionen hinsichtlich etwaiger Abweichungen von anderen Theorien sehe ich vorläufig ab, da das im nächsten Artikel nachgeholt wird. Der Einfachheit und Anschaulichkeit halber gestatte man den folgenden hypothetischen Versuch, der aber sofort in die Wirklichkeit umsetzbar ist:

Eine Holzkugel von 1 Centimeter Halbmesser (ein Atom vorstellend) sei an einem Faden aufgehängt und, vom Atom aus in der Dichte allmälig abnehmend, mit einer Lufthülle (Aetherhülle) von 21 Centimeter Halbmesser umgeben, welche der Einfachheit halber in 20 Kugelschalen oder Schichten mit verschiedener Dichte getheilt zu denken ist, so dass z. B. die dem Atom nahe liegende dritte Schicht eine Dichte von 10 Atmosphären habe, die 20. Schicht aber nur wenig dichter sei als die umgebende Luft. Ferner denke man sich, ein gewichtsleichter Kolben von beiläufig 10 Quadratcentimeter Kolbenfläche schwinge hin und her und treffe bei 2 Centimeter Schwingungsweite in verschiedenen Fällen verschiedene der obigen Luftschichten, so ist leicht die Wirkung zu bestimmen.

Da nach der Annahme die Lufthülle in innigem Verband mit der Kugel steht, so muss jede Kolbenbewegung eine Bewegung der betreffenden Luftschichten, sofort aber auch eine Bewegung der Kugel hervorrufen, jedoch mit sehr verschiedener Wirkung. Dringt der Kolben in die 20. Schicht ein, so wird er nur wenig Energie verlieren, weil wenig Bewegung auf Luftschicht und Kugel übertragen wird. Denkt man ferner alle Schichten bis zur 10. entfernt, so dass sich der Kolben in der 10. Schicht bewegt, so wird der Kolben weit mehr von seiner Bewegungsenergie verlieren, und andrerseits wird, natürlich in allen Fällen gleiche Wirkungsdauer vorausgesetzt, die 10. Luftschicht und Kugel Inhaber oder Träger dieser Bewegungsenergie werden. Arbeitet endlich der Kolben nach Entfernung der übrigen Schichten in der 3. Schicht von 10 Atmosphären Dichte, so wird die anfangs wie oben gleiche Bewegungsenergie des Kolben sehr schnell abnehmen und diese |Bewegungsenergie schnell und reichlich auf die dritte Luftschicht und Kugel übertragen werden. Geht man nun, während obiges Beispiel zur Anschaulichkeit in Gedanken festgehalten wird, in die Wirklichkeit über, ersetzt man also den Kolben durch das stossende (wärmende) Molekül mit Aetherhülle, dagegen Kugel und Lufthülle durch das gestossene (zu erwürmende) Molekül mit Aetherhülle. so wird es klar erstens, wie die Bewegungsenergie des stossenden Moleküls auf das gestossene Molekül übertragen wird, und zweitens, weshalb bei naheliegenden Molekülen infolge der dichteren und kleineren Aetherhüllen die Energieübertragung schneller und reichlicher erfolgt. Hierbei braucht durchaus nicht die ganze Aetherhülle dichter zu sein, sondern wenn nur an einzelnen Stellen, was von der krystallographischen Gestalt abhängt, dichterer Aether vorhanden, so ist bei der zahllosen Menge der Stösse in der Secunde die reichlichere und schnellere Energieübertragung dadurch ermöglicht. Umgekehrt wird ein weiter Abstand der Moleküle mit weiten Aetherhüllen, wie es bei den Gasen der Fall ist, eine langsame und spärliche Energieübertragung im Gefolge haben; Gase werden also Wärme schlecht leiten. Das ist meine Ansicht über Wärmebewegung, aus der in natürlicher, ungezwungener Weise die Auffassung der Wärmeleitung folgt, und es sind nun noch einige Ergänzungen beizubringen.

§ 69. Da alle Moleküle Aetherhüllen haben, so kann ihre Bewegung keine fortschreitende, sondern ohne Frage nur eine schwingende sein, denn die Moleküle dringen mit ihren Aetherhüllen in einander ein (jedoch nie bis zur absoluten Berührung), schwingen infolge der Gegenreaction zurück, und da die Art des Stosses, Unebenheiten der Gefässwände u. s. w. Unregelmässigkeiten bedingen, so findet ein langsamer, kein rapider Platzwechsel statt, wie es mit der Wirklichkeit übereinstimmt. Endlich können in einem Molekül-Aggregat nach hinreichendem Ausgleich durch Ruhe keine grossen Energiedifferenzen vorkommen (nach anderen Theorien kommen in Wasser von Null Grad Energie- resp. Temperaturdifferenzen von mehr als tausend! Grad vor, wie im nächsten Artikel gezeigt wird), denn ein System von Körpern mit differirenden Bewegungen geht immer in den Zustand der geringsten Reibung über, und dieses heutzutage so wenig beachtete, wichtige Gesetz spielt im Haushalt des Weltalls eine bedeutungsvolle Rolle und gilt mehr als alle Theorien der Welt.

Es ist auch ohne Weiteres klar, dass eine Temperaturerhöhung bei constantem Druck, grössere Schwingungsweite der Moleküle, daher Ausdehnung zur Folge hat, und da die Quantität der Ausdehnung, d. h. der Ausdehnungscoefficient bedingt ist durch die 8 Eigenschaftsursachen, so lässt sich nach obigem Muster abermals der Ausdehnungscoefficient bis auf die Eigenschaften von Stoff und Kraft rückwärts erklären. Ferner ist ohne Weiteres klar, dass eine Temperaturerhöhung bei constantem Volumen vergrösserte Schwingungszahl, daher vermehrte Stösse auf die Gefässwände oder erhöhten Druck zur Folge hat (Mariottesches Gesetz).

§ 70. Eine weitere Entscheidung ist herbeizuführen in Bezug auf die innere Bewegung der Atome im Molekül. — Würde z. B. im Sonnensystem Jupiter durch irgend eine Ursache (Stoss u. s. w.) eine Störung erfahren, so würde, abgesehen von den Störungen der

Nachbarplaneten, die sich ganz ebenso verhalten, die Störung des Jupiter auf den Schwerpunkt des Sonnensystems übertragen werden, da aber von diesem aus die ganzen Bewegungen aller Planeten geregelt werden, so muss nothwendig die anfängliche Störung des Jupiter mehr und mehr und zuletzt vollständig auf das ganze System übertragen werden. Wenn daher in dem System des Moleküls z. B. nach chemischer Reaction ein Atom mit grösserer Bewegungsenergie (Fallenergie) eingetreten ist, so wird diese mehr und mehr auf alle Atome des ganzen Systems übertragen, die Energie aller Atome also erhöht. Da aber ein Molekül das benachbarte Molekül nur durch seine Atome (Aetherhüllen) stossen kann, so ergiebt erhöhte Atomenergie erhöhte Molekularenergie und umgekehrt. Wird also ein Aggregat von Molekülen erhitzt, so wird nicht nur die Molekular- sondern auch Atombewegung verstärkt, folgedessen das Atom seinen Molekül-Schwerpunkt näher aber durch Gegenreaction auch andererseits um so ferner schwingt. Diese erhöhte Schwingungsweite der Atome im Moleküle besonders bei nicht erhöhtem Druck ermöglicht die Dissociation des Moleküls, wovon im nächsten Kapitel mehr.

Da der Aether zwischen den Molekülen befähigt ist, die Bewegungsübertragung zu vermitteln, wegen der geringen Aethermasse aber das Atom als Energieinhaber erscheint, so muss sich die Bewegung zwar langsam aber stetig mehr und mehr in Bezug auf das ganze Aggregat von Molekülen ausgleichen, denn so verlangt es das wichtige Gesetz „der geringsten Reibung". Energiedifferenzen, welche tausend Grad Temperaturdifferenzen entsprechen, können in Wasser von Null Grad, welches längere Zeit keinen äussern Einflüssen ausgesetzt war, niemals vorkommen, das ist, wie schlagend gezeigt werden wird, ein Irrthum. — Abgesehen hiervon folgt aus dem Obigen, dass wenn man ein Aggregat von Molekülen erhitzt, sei es mit oder ohne Druckänderung, darauf auf den ursprünglichen Grad mit Herbeiführung des ursprünglichen Drucks wieder abkühlt und genügende Zeit der Ruhe überlässt, dass dann Molekularbewegung, sowie innere Atombewegung wieder dieselbe ist wie vor der Operation.

§ 71. Hiernach bietet das Verständniss einer chemischen Reaction, sowie die Bedeutung der Begriffe chemische Energie und chemische Affinität keine wesentliche Schwierigkeit mehr. Ich kann natürlich nur das Allgemeine ins Auge fassen und muss von Specialitäten absehen. Nur im Vorübergehen sei der Lehre von der

Wirkung der Massen gedacht, welche mit meiner Theorie übereinstimmt. (Zwei Salze mit verschiedenen Säuren und Basen z. B. bilden in wässriger Lösung vier Salze, wobei vor allem der grossen Masse des Wassers gebührende Wirkung zuzuerkennen ist.) Nicht geheimnissvolle chemische Eigenschaften kommen den Atomen zu, sondern sowohl die physikalischen wie chemischen Eigenschaften gehen hervor aus den obigen 8 Eigenschaftsursachen, d. h. sie beruhen auf Masse, Kraft, Bewegung, Gestalt, Temperatur und Druck, und die Masse wirkt nicht allein in Form von Atom- oder Molekülgrösse, sondern natürlich auch in Form der Anzahl der Atome oder Gruppen der Moleküle.

Zwischen zwei Molekülen finde eine chemische Reaction statt durch Austausch zweier Atome, so heisst das nichts anders, als dass das eintretende Atom die Eigenschaft hat, dem Schwerpunkt des Systems näher zu treten im Vergleich zum ausgeschiedenen, das die leere Stelle im andern System einnimmt. Der potentielle Abstand wird mithin verringert, die daraus hervorgehende Fallbewegung als Störungsursache überträgt sich laut obiger Erörterung auf die gesammte innere Atombewegung und weiter in Form der Molekularbewegung, setzt sich also in Wärme um. Dass unter Umständen, wenn besonders energisch, dieser Umsatz einen Lichteffect oder unter besonderen Verhältnissen electrische Energie ergeben kann, ist Thatsache, jedoch erfahrungsmässig der Umsatz in Wärme meist ausschliesslich oder überwiegend. Dasjenige Atom, welches infolge seiner Eigenschaften (wobei die Gestalt und besonders grosse Endflächen, welche die Annäherung der Schwerpunkte begünstigen, von vorwiegender Bedeutung sind) befähigt ist, dem Schwerpunkt des Molekülrestes näher zu treten als das ausgeschiedene, hat grössere chemische Affinität als das letztere zum Molekülrest.

Chemische Energie ist potentieller Abstand des oder der Atome im Bezug auf das Molekül. Verringert sich der potentielle Abstand durch irgend eine Ursache, so erfolgt Umsatz in kinetische Energie.

Infolge ungenauer Vorstellungen hat der Ausdruck „chemische Affinität" im Sprachgebrauch, der vorderhand zu beachten ist, folgende drei Bedeutungen:

1. Chemische Affinität im Sinne der „Kraft" bedeutet Atomanziehung (eine Form der Gravitation), sowie Cohäsionskraft Molekülanziehung bedeutet.

2. Chemische Affinität im Sinne der „Energie" ist potentieller Atomabstand, sowie Cohäsionskraft potentieller Molekülabstand ist (die sog. Spannkräfte).

3. **Chemische Affinität** im Sinne der „Verwandtschaft" ist die Fähigkeit eines Atoms oder einer Gruppe durch Eintritt in das Molekül (unter Verdrängung des aequivalenten Atoms u. s. w.), den potentiellen Atomabstand und somit die potentielle Energie des Molekülsystems zu modificiren, was im Fall einer exothermischen oder endothermischen Verbindung verschieden ist. Gewöhnlich hat man eine exothermische Verbindung im Sinn, und dann wird der potentielle Atomabstand und daher die potentielle Energie des aus der Reaction hervorgehenden Moleküls um so mehr verringert, je grösser die chemische Affinität der reagirenden Stoffe ist.

§ 72. Wenn sich Wasserstoff und Sauerstoff zu Wasser verbinden, so wird unter Verringerung von potentieller Energie viel Wärme frei; Wasser ist daher eine exothermische Verbindung, Chlorstickstoff ist dagegen eine sog. endothermische Verbindung. In derartigen Verbindungen wird durch irgendwelche Energiezufuhr der potentielle Abstand der Atome vermehrt, wodurch unter gewöhnlichen Verhältnissen ein Spannungszustand resultirt, der zuweilen so hochgradig· ist, dass leise Berührung Explosion verursacht, unter Umsatz von potentieller Energie in kinetische Energie.

Endlich kann die Reaction zwischen zwei oder mehreren Molekülen so erfolgen, dass in einem Molekül die chemische Energie (potentieller Abstand) verringert, also eine exothermische Verbindung gebildet wird, im andern Molekül aber die chemische Energie unter Bildung einer endothermischen Verbindung vermehrt wird, dann muss trotzdem die Summe der chemischen Energie beider Moleküle herabgesetzt und die verminderte potentielle Energie in kinetische umgesetzt sein.

§ 73. Den herrlichen Resultaten des periodischen Systems habe ich nichts weiter hinzuzufügen, als dass diesem bewunderungswürdigen System offenbar die Idee der Eigenschaftsursachen im mechanischen Sinne ebenfalls zu Grunde liegt; denn in den Perioden kommt die Aehnlichkeit dieser Eigenschaftsursachen zum Ausdruck.

Dass die jetzt in der Chemie herrschende monistische Anschauung ebenso unhaltbar ist als die frühere dualistische, dass jede einzelne chemische Verbindung ein bestätigender Beleg für meine dualistisch-monistische Anschauung ist, habe ich früher hinreichend begründet, und es sei zu diesem Zweck auf die betreffende Stelle § 21 verwiesen (conf. auch § 61 g).

§ 74. Es ist nun „das mechanische Modell der chemischen Reaction" aufzustellen. Zwar liegen in dieser Hinsicht bereits sehr bedeutsame Formeln der ausgezeichnetsten Forscher vor, aber die nachstehende Entwicklung erfolgt nach ganz anderer Richtung, denn sie hat zur Aufgabe, die 8 Eigenschaftsursachen: „Gewicht des Atoms, krystallographische Gestalt des Atoms, Gravitation, Perigravitation, Antigravitation, potentieller Abstand, Temperatur und Druck" in mechanischem Sinne mathematisch zu formuliren. Zu diesem Zwecke musste ein passendes Energiegesetz herbeigeschafft werden, welches die Energie, da das bekannte Gravitationsgesetz nur die Druckwirkung bestimmt, in der hier benöthigten Form zu berechnen gestattet. Trotz alles Suchens in grösseren Lehrbüchern der Physik konnte ich keinen passenden Ausdruck finden (und Schuld daran ist jedenfalls, dass ich ein schlechter Sucher bin), daher habe ich das erforderliche Energiegesetz selbst abgeleitet, und gebe nachstehend die kurzen Andeutungen der Entwicklung, nach welchen jeder die Richtigkeit des Resultats controliren kann.

Zwei Massen, $M$ und $m$, welche sich wie $n$ zu 1 verhalten, fallen aus der Entfernung $r$ gegeneinander, unter Berücksichtigung, dass die Anziehungen im umgekehrten quadratischen Verhältniss der Entfernungen stehen. Während $m$ die Strecke $x$ fällt, fällt $M$ die Strecke $y = \frac{1}{n} x$, und der alsdann verbleibende Restabstand sei mit $r'$ bezeichnet. Ferner im Abstande $r$ sei $g$ die Beschleunigung für $m$ in Bezug auf $M$ und $G$ die Beschleunigung für $M$ in Bezug auf $m$, es werde $g$ im Punkte $x$ zu $g'$ und $G$ im Punkte $y$ zu $G'$, endlich bezeichne $k$ die Gravitationskraft für die Entfernung $r$, für welche die bekannte Beziehung besteht, dass $k = mg = MG = f\frac{Mm}{r^2}$.

Durch Integration der Energiedifferentiale $mg'dx$ und $MG'dy$ von 0 bis $x$ resp. $y$ und nachfolgende Addition erhält man die Energiesumme

$$E_{(r')} = \frac{mgr(x+y)}{r - \frac{n+1}{n}x} = \frac{mgr(x+y)}{r - (x+y)}.$$

Da aber $r - (x+y) = r'$ ist, und $mg = k$ sich ersetzen lässt durch $f\frac{Mm}{r^2}$ (es bedeutet $f$ den bekannten Gravitationsfactor), so wird

$$E_{(r')} = f\frac{Mm}{r \cdot r'}(r - r') \ldots (1).$$

Wenn nun $r'$ ($< r$) einen beliebigen Abstand der Massen $M$ und $m$ bedeutet, $\varrho$ aber der Abstand der Schwerpunkte von $M$ und $m$ bei Berührung (Zusammenstoss) ist, so ist die Gesammtenergie beim

Zusammenstoss von $r$ bis $\varrho$ gleich $f\dfrac{Mm}{r}\cdot\dfrac{(r-\varrho)}{\varrho}$ und andererseits gleich der Theilenergie beim Fall bis $r'$ gleich $f\dfrac{Mm(r-r')}{r}\cdot\dfrac{}{r'}$ vermehrt um die Restenergie $f\dfrac{Mm(r'-\varrho)}{r'}\cdot\dfrac{}{\varrho}$, daher

$$f\frac{Mm(r-\varrho)}{r}\cdot\frac{}{\varrho} = f\frac{Mm(r-r')}{r}\cdot\frac{}{r'} + f\frac{Mm(r'-\varrho)}{r'}\cdot\frac{}{\varrho}\ \ldots\ (2).$$

Das ist nun beiläufig zugleich ein sehr bündiger und umfassender Beweis für das Gesetz von der Erhaltung der Energie, denn wenn man beide Theile der Gleichung (2) mit $\dfrac{r\,r'\,\varrho}{fMm}$ multiplicirt, so geht daraus unmittelbar die identische Gleichung hervor:

$$r\,r' - r'\varrho = r\varrho - r'\varrho + r\,r' - r\varrho.$$

**§ 75.** Um nun die gesuchte Formel in ihrem Ausdruck recht klar und anschaulich zu halten, ist vor und nach der chemischen Reaction derselbe Zustand des Drucks und der Temperatur vorauszusetzen. Bei der sehr bedeutenden Schwierigkeit ist es auch erklärlich, dass ich eine der allereinfachsten chemischen Reactionen zur Veranschaulichung wähle, und dass schwierigere Beispiele successive folgen müssen.

Es sei die Reaction $HH + ClCl = 2\,HCl$ zu bearbeiten, und es sei alle dabei entwickelte kinetische Energie durch $w$ ausgedrückt, auch $w$ durch Abkühlung u. s. w. beseitigt gedacht, wobei $w$ bestimmt wird. Es stelle für Wasserstoff $H$ das Gewicht des Atoms dar, es sei $r_1$ der Abstand zweier Wasserstoffatome, dagegen $\varrho_1$ der Abstand ihrer beiden Schwerpunkte bei gedachter absoluter Berührung, für Chlor seien die entsprechenden Zeichen $Cl\ r_2\ \varrho_2$ von analoger Bedeutung, in $HCl$ endlich sei der Abstand der Atome $H$ und $Cl$ gleich $r_3$ und bei gedachter absoluter Berührung der Abstand der Schwerpunkte gleich $\varrho_3$.

Mit Bezug auf die oben entwickelte Gleichung (1) und das Folgende ist dann offenbar die chemische Gesammtenergie des Wasserstoffmoleküls gleich $f\dfrac{H.H}{r_1}\dfrac{(r_1-\varrho_1)}{\varrho_1}$, und immer gleiche Normaltemperatur von $0^0$ und Normaldruck von 760 mm vorausgesetzt, die chemische Gesammtenergie für Chlor gleich $f\dfrac{Cl\,Cl}{r_2}\dfrac{(r_2-\varrho_2)}{\varrho_2}$, endlich nach der Reaction und Abkühlung die chemische Gesammtenergie für Chlorwasserstoff $= f\dfrac{HCl}{r_3}\dfrac{(r_3-\varrho_3)}{\varrho_3}$.

Mit Berücksichtigung, dass gleich grosse Volumina gleichviel Moleküle an Wasserstoff, Chlor und Chlorwasserstoff enthalten, und dass nach dem Gesetz von der Erhaltung der Energie die Summe der potentiellen Energie vor der Reaction gleich der potentiellen Energie nach der Reaction vermehrt um die entwickelte kinetische Energie $w$, so ist folglich

$$f \frac{HH}{r_1} \frac{(r_1 - \varrho_1)}{\varrho_1} + f \frac{Cl\, Cl}{r_2} \frac{(r_2 - \varrho_2)}{\varrho_2} = 2 f \frac{HCl}{r_3} \frac{(r_3 - \varrho_3)}{\varrho_3} + w.$$

Das ist nach meiner Ansicht in seiner einfachsten Form das mechanische Modell der chemischen Reaction in Bezug auf die acht Eigenschaftsursachen. Nennt man $f \dfrac{HH}{r_1} \dfrac{(r_1 - \varrho_1)}{\varrho_1}$ das Molekularpotential des Wasserstoffs, und führt man die entsprechenden Ausdrücke für die übrigen Moleküle ein, so kann man die chemische Reaction im mechanischen Sinne kurz folgendermassen definiren: Die Summe der Molekularpotentiale vor der Reaction ist gleich der Summe der Molekularpotentiale nach der Reaction, vermehrt um die erzeugte Energie (Bildungswärme bei exothermischen Verbindungen), oder vermindert um die erzeugende Energie (Energiezufuhr bei endothermischen Verbindungen).

Hier, wo bis in's Innerste der Natur vorgedrungen wird, d. h. bis zur Mechanik der Atome*), wäre es Vermessenheit und Thorheit, à la Heisssporn zu verlangen, dass es nun sofort Resultate regnen müsse; da wird vorher die Wissenschaft noch verschiedenes vorzubereiten haben, wie im Weiteren zu zeigen ist.

§ 76. Zuerst soll nachgewiesen werden, dass im obigen „mechanischen Modell der chemischen Reaction" in der That die acht Eigenschaftsursachen mathematisch-mechanisch ausgedrückt sind.

In $f \dfrac{H.H}{r_1} \dfrac{(r_1 - \varrho_1)}{\varrho_1}$ ist für $H$ das wirkliche Gewicht des Wasserstoffatoms einzustellen, $\varrho_1$ dagegen ist bei gedachter absoluter Berührung aus der krystallographischen Gestalt des Wasserstoffatoms, d. h. aus dem Abstand der Mittelpunkte zweier Atomkrystalle des Wasserstoffs zu ermitteln, und der potentielle Abstand von $H$ zu $H$ ist bestimmt durch gleichzeitiges Zusammenwirken der drei Urkräfte der Gravitation, Perigravitation und Antigravitation. In analoger

---

*) Kant's „Ding an sich" ist der Körper im Sinne der acht Eigenschaftsursachen.

Weise sind die beiden folgenden Ausdrücke gefasst und als Resultat der Reaction erscheint die Bildungswärme $w$.

Bereits § 70 wurde dargethan, dass wenn man ein Aggregat von Molekülen (Gasquantum) erhitzt und wieder auf die ursprüngliche Temperatur abkühlt, gleichen Druck und genügende Ruhe vorausgesetzt, dass dann mit Hinsicht auf das Gesetz „der geringsten Reibung" der ursprüngliche Zustand der Molekular- und Atombewegung wieder vorhanden ist. Durch Erhitzen wird bei gleichem Druck nicht nur grössere Schwingungsweite der Moleküle, sondern da diese sich gegenseitig durch die Atome stossen, auch grössere Schwingungsweite der Atome bewirkt. Da nun die Atome nach dem virtuellen Schwerpunkt des Moleküls wegen Verdichtung sämmtlicher Aetherhüllen nicht weit vordringen können, so müssen sie rückwärts um so weiter schwingen, d. h. durch Erhitzen werden die potentiellen Abstände der Atome vergrössert, und ebenso muss vermehrter oder verminderter Druck die potentiellen Abstände der Atome beeinflussen. Wird dagegen der ursprüngliche Zustand der Temperatur und des Drucks wieder herbeigeführt, so müssen auch die ursprünglichen potentiellen Abstände der Atome wieder vorhanden sein.

Diese potentiellen Atomabstände im Molekül werden nun bestimmt ausser Temperatur und Druck durch Gewicht und Gestalt der Atome unter dem gleichzeitigen Einfluss der drei Urkräfte. Das obige „mechanische Modell der chemischen Reaction" drückt also einschliesslich der Bildungswärme in der That alle 8 Eigenschaftsursachen in ihrer Gesammtheit aus durch die entsprechenden Zeichen, welche allerdings vorderhand lauter Hieroglyphen sind.

Wird die Wissenschaft je die nöthigen Mittel bieten, soweit vorzudringen, um diese Hieroglyphen entziffern zu können? Es lässt sich hoffen, aber jetzt noch nicht mit Gewissheit bestimmen, wie folgendes zeigt. Bereits ist der Anfang gemacht die wahre Grösse der Atome zu bestimmen, und da geschickte physikalische Methoden (Lichtwellen u. s. w.) im Messen fast unendlicher Leistungen fähig sind, so ist es durchaus nicht ausgeschlossen, die wahre Atomgrösse eines oder einiger Atome zu ermitteln, worauf dann mit Leichtigkeit die Atomgrössen aller übrigen durch kurze Rechnung gefunden werden.

Anhaltspunkte zur Ermittelung der Krystallform des Atoms habe ich bereits § 64 gegeben, und wenn die Wissenschaft dieser Kenntniss der Krystallform des Atoms ernstlich bedarf, so werden sich die Jünger der Wissenschaft findig erweisen. Der potentielle Abstand der Atome ist unter Berücksichtigung von Temperatur und

Druck aus Gewicht und Gestalt der Atome bei gleichzeitigem Zusammenwirken der drei Urkräfte zu berechnen; gewiss eine schwierige Aufgabe, wenn die Krystallform zu berücksichtigen ist. Andererseits haben in der Gegenwart die hervorragenden Kräfte im Gebiete der mathematisch-physikalischen Wissenschaften durch die bewunderungswürdigsten Resultate in reicher Fülle gezeigt, welcher Leistungen sie fähig sind, und wäre nur erst die wahre Grösse der Atome und die Krystallform bekannt, so würde sich das Uebrige schon finden.

§ 77. Ohne Berücksichtigung der beziehungsreichen Krystallgestalt möchte ich noch zeigen, wie die Hieroglyphen der $r$ und $\varrho$ auf die Atommasse zurückzuführen sind bei Annahme von Kugelgestalt der Atome. Im Molekularpotential des Wasserstoffs bedeutet $r_1$ den Abstand der beiden Atommittelpunkte, also den doppelten potentiellen Abstand (Abstand des Atommittelpunkts vom virtuellen Schwerpunkt des Moleküls) und $\varrho_1$ ist gleich dem doppelten Atomradius bei Annahme von Kugelgestalt. Allgemein würde für das aus den beiden gleichen Atomen $m$ bestehende Molekül, wenn $\varrho$ der Radius des Atoms und $r$ der potentielle Abstand ist, das Molekularpotential § 75 auszudrücken sein:

$$f \frac{m \cdot m}{2r} \frac{(2r - 2\varrho)}{2\varrho} = \frac{1}{2} f \frac{m^2 (r - \varrho)}{r \varrho} = \frac{1}{2} f m^2 \left( \frac{1}{\varrho} - \frac{1}{r} \right) \ldots (3).$$

Nun ist aber, wenn $\sigma$ das spec. Gewicht des Urstoffs bedeutet,

$$\frac{4}{3} \varrho^3 \pi \sigma = m \text{ und daher } \left( \frac{4 \pi \sigma}{3 m} \right)^{\frac{1}{3}} = \frac{1}{\varrho}.$$

Ferner ist durch gleichzeitiges Zusammenwirken der drei Urkräfte der potentielle Abstand bestimmt durch die Gleichung (VII) § 61 k

$$m r^2 = C_5 \text{ , woraus } \left( \frac{m}{C_5} \right)^{\frac{1}{2}} = \frac{1}{r}.$$

Setzt man diese soeben ermittelten Werthe von $\frac{1}{\varrho}$ u. $\frac{1}{r}$ im Gl. (3) ein,

so wird $\frac{1}{2} f m^2 \left( \frac{1}{\varrho} - \frac{1}{r} \right) = \frac{1}{2} f m^2 \left( \left( \frac{4 \pi \sigma}{3 m} \right)^{\frac{1}{3}} - \left( \frac{m}{C_5} \right)^{\frac{1}{2}} \right) \ldots (4).$

Hiermit wären die Hieroglyphen der $r$ und $\varrho$ durch die Atommasse selbst resp. deren leicht zugängliche Atomgewichte ausgedrückt, dafür erscheinen aber zwei neue Hieroglyphen $\sigma$ und $C_5$. Sowie der Gravitationsfactor $f$ bestimmt worden ist, so wird und muss der entsprechende Factor des Perigravitationsgesetzes früher oder später so wie so bestimmt werden, ebenso erscheint es viel leichter, das spec. Gewicht des Urstoffs, als die wahre Grösse der Atome zu ermitteln.

Dann fehlt aber nichts weiter zur Entzifferung der Hieroglyphen als die Krystallgestalt der Atome, deren Kenntniss nach verschiedenen Richtungen von grossem Werth ist, und für diese Ermittelung würden schon unsere überaus tüchtigen Chemiker sorgen. Das Ziel, was hier zu erstreben ist, ist ein hohes und schönes, denn es gilt, bis in das Innerste der Natur vorzudringen; aber nur vereinte Kräfte werden zu diesem Ziel führen.

Früher oder später wird man atomistische Längen-, Volumen- und Gewichtseinheiten einzuführen haben, und ich mache nach dieser Richtung die folgenden praktischen Vorschläge: Man denke sich die Urstoffmasse des Wasserstoffatoms (§ 61 g) als Würfel von der Kante $\lambda$, und es stelle $\lambda$ die Längeneinheit = ein Mikrometer vor, dann ist einfach die Volumeneinheit ein Kubikmikrometer = $\lambda^3$. Das Gewicht der Urstoffmasse des Wasserstoffatoms (§ 61 g) ist die Gewichtseinheit, und diese werde als die oder besser (das Gramm) „das Psamm" (von $\acute{\eta}$ ψάμμος oder τό ψάμμιον das Sandkorn) bezeichnet. Ein Psamm ist dann $\lambda^3 \sigma$, wenn $\sigma$ das spec. Gewicht des Urstoffs ist, und ein Sauerstoffatom wiegt 16 Psamm = 16 $\psi$.

§ 78. Anhangsweise möchte ich noch auf das Folgende aufmerksam machen: Man stelle sich ein aus zwei gleichen Atomen bestehendes Molekül vor. Die Atome besitzen Krystallgestalt, z. B. die Form des Tetraeders, und stehen infolge ihres potentiellen Abstandes in einer gewissen Entfernung von einander. Offenbar müssen aber die beiden gleichen Atomkrystalle eine solche Lage zu einander haben, dass ihre Schwerpunkte am nächsten liegen, und das würde im vorliegendem Beispiele der Fall sein, wenn sich zwei Tetraederflächen parallel gegenüberstehen. Dadurch wird aber die krystallsymmetrische Lage hervorgerufen, und das scheint mir von so hervorragender Bedeutung zu sein, dass ich sehr geneigt bin, daraus die sog. Polarität im gleichatomigen Molekül zu erklären. Dieser sonst ganz unbegreifliche und schwierige Begriff der Polarität im Molekül würde sich dadurch ebenfalls auf mechanische Principien zurückführen lassen.

## Die Lücken der Gastheorie.

**§ 79.** Es ist befremdend, dass trotz der so bedeutsamen positiven Resultate der Thermodynamik, welche ich selbstredend nicht im Geringsten anzutasten beabsichtige, die gegenwärtige Theorie der Gase mit so vielen Mängeln behaftet ist. Dass den durch mathematische Entwicklung gewonnenen Resultaten die gedachte Theorie zu Grunde liegt, ist ebensowenig ein Beweis ihrer Richtigkeit, wie die Haltbarkeit der Emanationtheorie durch die grossen Resultate Newtons in der Optik nicht bewiesen wurde. Zugleich sei darauf aufmerksam gemacht, wie ungemein schwierig es ist, geistreiche, aber irrthümliche Theorien, welche der Wirklichkeit einigermassen conform sind, zu entkräften. Hat es doch z. B. trotz der glänzendsten Entdeckungen auf beiden Seiten Jahrhunderte lang gedauert, bis der Streit zwischen der Emanationstheorie und der Vibrationstheorie endgültig entschieden werden konnte.

Um die Discussion der verschiedenen gegenwärtigen Gastheorien abzukürzen, seien zuvörderst die in Betracht kommenden Momente aufgezählt. Es sind: „Wärme als Hauptmoment, sodann Druck, Cohäsion (Dissociation*) der Moleküle), chemische Affinität (Dissociation des Moleküls) und Schwere des Moleküls". Je nach Fach und Arbeiten der einzelnen Forscher treten diese oder jene Momente in den Vordergrund als Ursachen des Gas- oder Dampfzustandes; so entscheidet sich der Physiker für Wärme und Druck, der Chemiker für Dissociation, während der physikalische Chemiker nicht ohne Berücksichtigung aller Momente auskommen kann.

**§ 80.** Nach der physikalischen Theorie der Energiedifferenzen haben die Moleküle fortschreitende Bewegung, welche sich am besten den mathematischen Entwicklungen fügt. Um aber die Erklärung der Verdampfung an der Oberfläche zu ermöglichen, musste aus der Noth eine Tugend gemacht werden, indem man das im Haushalt des Weltalls so hochbedeutsame Gesetz beiseite stellte, „dass ein System von Körpern mit differirenden Bewegungen allmälig durch Ausgleich in den Zustand der geringsten Reibung übergeht", und nun konnte behauptet werden, dass die Moleküle stark differirende Bewegungs-Energien hätten, infolge deren einige Moleküle mit hinreichend grosser Energie an der Oberfläche fort und fort in den Oberraum

---

*) Selbstverständlich ist die Dissociation der Gegensatz zur Cohäsion.

geschleudert würden. Da aber je nach der Grösse des Oberraums und der Temperatur nur eine bestimmte Quantität Flüssigkeit verdampft, unabhängig von dem Gesammtdrucke etwa sonst vorhandener fremder Gase, da also in der Wirklichkeit nur der Theildruck, der sogenannte Partialdruck, massgebend ist, so musste eine zweite Hypothese, die der fortwährenden Condensation, zu Hilfe genommen werden, obwohl diese Hypothese, wenn die Condensation im geschlossenen Oberraum unter gewöhnlichen Verhältnissen verständlich scheint, bei starker seitlicher Ausbuchtung mit grosser Oberfläche, die event. am geschlossenen Oberraum angebracht würde, einer strengen Prüfung nicht Stand hält. Der Kürze halber sei davon abgesehen, und es soll im Uebrigen die Theorie der Energiedifferenzen auf ihre Haltbarkeit geprüft werden.

§ 81. 1. Die Theorie der Energiedifferenzen steht im Widerspruch zu dem wichtigen Gesetz „der geringsten Reibung im System". Wenn eine Flüssigkeit von aussen her erwärmt wird, so nimmt sie höhere Temperatur an, und es folgt daraus, dass wenigstens die Energie einzelner Moleküle nicht bloss gleichsam individuell übertragbar, sondern auch vermehrbar resp. verminderbar ist. Daraus folgt unmittelbar weiter, dass dann die Energie aller Moleküle vermehrbar resp. verminderbar sein muss und folglich ein Ausgleich von Energiedifferenzen erfolgen muss. Dieser Ausgleich muss ferner schnell vor sich gehen, wie man an der aufsteigenden Strömung einer von unten geheizten Flüssigkeit sieht, andererseits müsste die Flüssigkeit im oberen Theile wärmer sein als im unteren. Umgekehrt nun, wird behauptet, dass Energiedifferenzen in einer Flüssigkeit längere Zeit bestehen können, so folgt daraus, dass die Einzelenergien der Moleküle nur übertragbar, aber nicht vermehrbar oder verminderbar sind. Dann würde aber überhaupt gar keine Erwärmung einer Flüssigkeit möglich sein, und dies allein beweist schon, dass die Theorie der Energiedifferenzen im totalen Widerspruch mit der Wirklichkeit steht.

2. Entweder haben die mitunter benöthigten sog. Wirkungssphären (doch wohl Aetherhüllen!) überhaupt eine Wirkung, dann können die Moleküle keine fortschreitende Bewegung, sondern nur Schwingungsbewegung haben. Oder die Moleküle haben fortschreitende Bewegung, wie allgemein angenommen wird, dann können die sog. Wirkungssphären keine Wirkung haben und die Moleküle müssen bis zur vollen Berührung aneinanderstossen. Damit im grellsten Widerspruch steht wieder, dass unabhängig von der Molekularbe-

wegung die Atome im Moleküle eine bleibende sog. innere Bewegung haben, wozu doch wieder die Wirkungssphären (Aetherhüllen) vorauszusetzen sind.

3. Stossen daher die Moleküle bei fortschreitender Bewegung bis zu völliger Berührung zusammen, so würden die hochcomplicirten organischen Verbindungen der neueren Chemie mit ihren vielen complicirten Gruppen und Seitenketten zu einem unentwirrbaren Chaos von Atomen zusammengeschüttelt werden. Dieser Grund allein schon wäre hinreichend, die Unhaltbarkeit der Theorie zu beweisen.

4. Da Gase den circa 2000fachen Raum von Flüssigkeiten einnehmen, die Gasmoleküle also weit abstehen, so müsste, wenn man einen mit Luft gefüllten Cylinder über einen solchen mit Chlor gefüllten stülpt, bei der grossen Geschwindigkeit der Gasmoleküle (Wasserstoff 1844 Meter in der Secunde) schnelle Mischung erfolgen, infolge der vorausgesetzten grossen Energiedifferenzen aber, welche alsbald zahlenmässig normirt werden sollen, müsste sogar die Mischung des Chlors mit der Luft blitzschnell erfolgen, was der Wirklichkeit widerspricht.

5. Beiläufig ist die Theorie unfähig, zu erklären, wie aus dem unelastischen Wassermolekül im flüssigen Zustande das elastische Gasmolekül hervorgeht, und ferner, da doch entsprechende Energien entsprechende Energiezustände herbeiführen müssten, warum Kohlenstoff nicht vergasbar ist (Dissociation als Grund ist unhaltbar, s. u.) u. s. w. verschiedenes andere, welches die Theorie nicht zu erklären vermag.

6. Nach Regnault werden bei Verdampfung des Wassers von 0 Grad 606,5 Calorien verbraucht. Es wird also 1 Kilo Wasser von 0,6065 Grad, indem es sich auf 0 Grad abkühlt, 1 Gramm Wasserdampf liefern, der bei Condensation unter hermetischem Verschluss 1 Gramm Wasser von 606,5 Grad ergeben würde. Abgesehen davon, dass auch in dem Wasserdampf nach der Theorie die Moleküle ansehnliche Energiedifferenzen haben müssten, abgesehen, dass das von der Verdampfung rückständige Wasser anderweitig noch sehr verdampfungsfähig wäre, so folgt doch aus der Verdampfung des einen Gramm Wassers, dass in dem ursprünglichen 1 Kilo Wasser mindestens 1 Gramm der Wassermoleküle Inhaber einer Energie war, welche 606,5 Grad entspricht. Dann müssen aber nothwendig alle Zwischenstufen von Energien vorkommen, welche Temperaturen zwischen 606,5 Grad bis herab zu Null Grad entsprechen, und weiter muss, damit die Mittelstufe als durchschnittliche erhalten bleibt,

ausnahmslos jeder Oberstufe eine Unterstufe entsprechen, d. h. auch der Oberstufe 606,5 Grad über Null die Unterstufe 606,5 Grad unter Null. Das ergäbe aber 333 Grad unter der absoluten Nulltemperatur, was ganz unmöglich ist. Soll $273^0$ Celsius unter $0^0$ als äusserste Unterstufe (warum dann aber nicht willkürlich $100^0$, $10^0$ oder $2^0$ unter Null) angenommen werden, so würde doch noch eine Energiedifferenz hervorgehen, welche $879^0$ entspricht. Während nun, wenn im Wasser von $100^0$ ein Eisenstück von etwa $110^0$ eingelegt wird, heftiges Sieden entsteht, sollte dennoch nach der Theorie der Energiedifferenzen in Wasser vom Gefrierpunkt die Existenz von Wassermolekülen mit $606^0$ Hitze möglich sein und ferner Temperaturunterschiede von mindestens $879^0$ vorkommen!

Hat wirklich jemand noch den Muth, angesichts dieser Feststellungen die Theorie aufrecht zu erhalten? Nun, dann möge noch der nächste Beweis das Seinige thun.

7. Wenn in Wasser von $0^0$, wie gezeigt, Moleküle von mindestens $600^0$ vorkommen, so muss ähnliches auch für andere Flüssigkeiten gelten, und es müssen daher auch in einem Tropfen Chlorstickstoff von $0^0$ infolge der Energiedifferenzen sicher Moleküle von $600^0$ vorkommen. Werden aber explosive Stoffe nur wenig erhitzt, so explodiren sie, ja beim Chlorstickstoff reicht oft die geringe Energie einer leisen Berührung, beim Jodstickstoff oft schon die winzige Energie einer klingenden Saite hin, Explosion herbeizuführen. Und dennoch sollen im Chlorstickstoff Moleküle von $600^0$ Hitze vorkommen?!

Wollte man sich damit helfen, dass die höhere Energie der Moleküle im Chlorstickstoff als potentielle Spannung angenommen würde, dann vermische man den Chlorstickstoff oder Jodstickstoff mit Wasser von $0^0$, in dem sicher Moleküle von $600^0$ nach Obigem vorhanden sind. Dann müsste sicher eine Explosion erfolgen, aber gerade umgekehrt, gerade im feuchten Zustande kann der Chemiker den Chlorstickstoff und Jodstickstoff ohne allzu grosse Gefahr bearbeiten.

Die Theorie der Energiedifferenzen zur Erklärung der Verdampfung ist also total unmöglich, sie führt bei eingehender Prüfung, selbst wenn der ominöse Partialdruck ganz unberücksichtigt bleibt, nach allen Richtungen zu Widersprüchen mit der Wirklichkeit.

§ 82. Im Vorübergehen sei der Fähigkeit des leichten Wasserstoffs gedacht, durch chemische Affinität gleichsam die Schwere und Cohäsion anderer sonst nicht gasfähiger Moleküle zu überwinden, also Kohlenstoff und Silicium gasfähig zu machen; aber obwohl eine ganze Reihe derartiger Erscheinungen von hoher Bedeutung ist, so lässt sich doch keine Gastheorie daraufhin begründen.

§ 83. Es hat nun die Prüfung der chemischen Dissociationstheorie behufs Erklärung des Dampf- resp. Gaszustandes zu erfolgen. Ohne Frage ist die Dissociation eine sehr belangreiche Erscheinung sowohl im physikalischen wie chemischen Sinne und steht zum Verdampfen und zum Gaszustande in wichtiger Beziehung, aber einige Chemiker scheinen im Jubel über die vielen Bestätigungen nebst interessanten Begleiterscheinungen den hochwichtigen Faktor der Wärme als etwas sehr Nebensächliches anzusehen.

Sicher ist daher die Behauptung der physikalischen Chemiker begründet, dass zur Erklärung der Verdampfung u. s. w. ausser Wärme und Partialdruck auch die Erscheinungen der Dissociation in Bezug auf das Molekül (chemische Affinität) und die Moleküle (Cohäsion) heranzuziehen sind.

Die Erscheinungen der erst in der Neuzeit beachteten Dissociation werden verschieden dargestellt; am allgemeinsten dürfte wohl die folgende Auffassung sein.

Im festen Zustande lagern sich mehrere einzelne Moleküle zusammen (Polymerisation), im flüssigen Zustande sind die mehrfach zusammengelagerten Moleküle einem beständigen Wechsel in Bezug auf die Anzahl der Moleküle unterworfen, und ähnlich verhält es sich zum Theil mit gasförmigen mehrfachen Molekülen. Auch das Molekül selbst unterliegt einem fortwährenden Zerfall und fortwährender Neubildung; in einer Lösung von schwefelsaurem Kali trennt sich das Kaliumatom fortwährend von der Gruppe des Schwefelsäurerestes (warum zerfällt diese Gruppe nicht ebenfalls in die Atome?), jedes Atom, jede Gruppe schiesst Dank ihrer Bewegungsenergie in der Flüssigkeit umher und hat immer das Glück, seinen Partner trotz aller benöthigten verschiedenen Energiedifferenzen wiederzufinden.

Dass durch den electrischen Strom eine derartige Kettenwanderung hervorgerufen wird, steht fest, dagegen ist der obige Partnertanz Hypothese. Ueber Partialdruck, der bei der Verdampfung nur im bemäntelnden, nicht im wirklich erklärenden Sinne gebraucht wird, später an geeigneter Stelle.

§ 84. Jede Erscheinung nun muss ihre Ursache haben, also kann der Zerfall der polymeren Moleküle resp. im Molekül die Lösung der potentiellen Bindungen (Abstände) nur in den Energiedifferenzen der Moleküle resp. Atome Erklärung finden. Die Theorie der Energiedifferenzen ist aber, natürlich genügend lange Ruhe vorausgesetzt, soeben als total unhaltbar erwiesen, und das genügt eigentlich schon einzusehen, dass die hierauf fussende Dissociationstheorie mit ihren doch immerhin gewagten und curiosen Hypothesen, abgesehen von allem Anderen, nicht befähigt ist, die wirkliche Ursache der Verdampfung anzugeben. Zur weiteren Beurtheilung mögen noch folgende Punkte dienen.

1. Um nach physikalischen Gesichtspunkten aus der Wärme die Verdampfung zu erklären, musste man, aus der Noth eine Tugend machend, sich zur Hypothese der Energiedifferenzen bequemen: wurden diese muthig behauptet, so konnte kein Mensch nachsehen, auch nicht mit Mikroskop. Nicht ganz so leicht hatten es die Chemiker, sie mussten, da doch im flüssigen Wasser nicht Wassertheilchen von sehr grosser Cohäsion und entsprechend andre von undefinirbar um so geringerer Cohäsion angenommen werden konnten, denn Wasser, dem Urbild der Beweglichkeit und Flüssigkeit, dass ein Hauch, wenn es keine Schwere hätte, fast auseinander blasen könnte, diesem Wasser musste eine allgemeine sehr grosse Cohäsion angedichtet werden. Denn hochverdiente Forscher stellen nicht etwa als eigne Ansicht, sondern als Ansicht der Wissenschaft auf, die Cohäsion des Wassers bei $0^0$ sei so gross, dass zur Ueberwindung derselben 606 Calorien erforderlich wären.

Zu derartigen Extravaganzen werden Naturforscher behufs Erklärung der Verdampfung gezwungen, weil noch immer die wahre Ursache fehlt, nicht einmal geahnt wird, und man daher Hauptbedingungen oder Begleiterscheinungen als wirkliche Ursache auszugeben gezwungen ist.

2. Vergleicht man die Verbrennungswärme des Methans, worin doch nur ein Kohlenstoffatom ist, mit der des amorphen Kohlenstoffs unter Berücksichtigung, dass dessen Disgregationswärme wahrscheinlich (für 12 Gewichtstheile amorphen Kohlenstoffs) 39,7 Calorien beträgt, so findet man es nicht verständlich, warum durch unsre hohen Temperaturgrade Kohlenstoff nicht vergasbar ist. Da nun Schwefeldampf bei $500^0$ im Gasmolekül drei Moleküle (normale Doppelatome) Schwefel enthält, so folgt daraus, dass zur Verdampfung principiell durchaus kein normales Doppelatom gehört, dass also an und für sich jedes Molekül ohne Energieverbrauch zur Dissociation gasfähig sein müsste, also zur Vergasung des Kohlenstoffs nur eine seiner Masse entsprechende Energie zu verwenden wäre. Das ist aber in Wirklichkeit nicht der Fall, und folglich muss eine unbekannte Ursache des Gaszustandes existiren, welche vor der Vergasung die Dissociation

verlangt, und daher ist die Dissociation nicht Ursache, sondern Bedingung des Gaszustandes.

3. Die Dissociation des Wassers beginnt bei $1000^0$ und ist bei $2500^0$ halb vollendet, und es gilt $2500^0$ als die sog. Dissociationstemperatur, bei welcher die Schwingungsweiten der Atome im Molekül so gross sind, dass letzteres zerfällt. Dieser Zerfall ist also bedingt durch die Grösse der Schwingungsweiten der Atome, und da diese bei $1000^0$ für die Wassermoleküle an und für sich noch keine ausreichende ist, so muss folglich abermals die obengedachte unbekannte Ursache die Veranlassung sein (wenn auch hier nicht zum Zweck der Verdampfung, sondern wie sich zeigen wird, zu analogem Zweck), dass trotz der nicht ausreichenden Schwingungsweiten Dissociation eintritt. Die Dissociation ist also wieder nicht Ursache, sondern Bedingung resp. Wirkung. —

3. Die Dissociation im Molekül ist ausserdem in dem Umfang und nach der Richtung, wie es vielfach behauptet wird, nicht haltbar. Man stelle sich eine jener hochcomplicirten organischen Verbindungen mit ihren complicirten Gruppen und Seitenketten in Lösung vor und denke sich den mehrfach gedachten Partnertanz in Scene gesetzt, so würden hier die vereinzelten Gruppen ihre Partner unmöglich wieder finden, und die ganze Herrlichkeit wäre in der ersten Secunde zu Ende.

Das Resultat der vorstehenden Prüfungen ist, dass, weil man die wirkliche Ursache der Verdampfung nicht kennt, Wärme und Dissociation, die nur Bedingungen sind, zur Ursache erhoben werden; dadurch aber wird man in den Consequenzen, und um die Theorie aufrecht zu erhalten, zu den sonderbarsten Extravaganzen gezwungen

§ 85. Was ist nun aber diese unbekannte, wahre Ursache des Gas- oder Dampfzustandes? Um das zu erfahren, wird man auf die 8 Eigenschaftsursachen § 64 zurückgehen müssen, und was ich aus dem Studium derselben entnommen habe, werde ich nachstehend mittheilen. Zur sicheren Veranschaulichung gehe ich zu diesem Zweck von Thatsachen resp. praktischen Beispielen aus.

Man stelle Wasser unter den Recipienten der Luftpumpe, so verdampft eine gewisse Quantität Wasser, welche weit bequemer in Form der Tension durch barometrische Ablesung als durch chemische Analyse bestimmt wird. Es wird sich aber sehr bald herausstellen, dass der Druck, namentlich der sog. Partialdruck, etwas Nebensächliches, Wirkung und nicht Ursache ist, darum halte man sich von der Vorstellung der Tension resp. des Partialdrucks vorderhand frei, fasse dagegen das Volumen mit dem darin enthaltenen Dampf genauer in's Auge. Wird der Wasserdampf ausgepumpt, so wird eine neue Menge Wasserdampf gebildet, und im $n$ fachen Raum bildet sich bei gleicher Temperatur die $n$ fache Menge Wasserdampf. Es giebt eine ganze Anzahl flüchtiger Substanzen, die sich sowohl im Wasser als auch in dem sogenannten Schwefeläther (den ich hier so nenne, um einer Verwechselung mit dem Weltäther vorzubeugen) lösen. Derartige flüchtige Substanzen sind z. B. der gewöhnliche Aldehyd, Essigäther, Ameisensäureaethylester und viele andere. Es sei zu diesem Versuch Aldehyd gewählt, welcher bei $21^0$ siedet und sich im Wasser und Schwefeläther in allen Verhältnissen löst. Man löse ein kleines Quantum in Wasser, schichte Schwefeläther auf und lasse unter Verschluss stehen, oder besser, man schüttele kräftig, so wird der Aldehyd zwischen beiden Lösungsmitteln vertheilt, und es hängt neben der Temperatur ganz von der Masse der beiden Lösungsmittel und der Natur der zu lösenden Substanz ab, wie viel davon in das eine oder andere Lösungsmittel übergeht. Entfernt man die obere Schicht von Schwefeläther und ersetzt durch eine frische, so findet abermals Vertheilung, d. h. eine Concurrenzwirkung statt.

Löst man den Aldehyd zuerst in Schwefeläther, schüttet diese Lösung auf Wasser und schüttelt, so ist das Resultat wieder dasselbe; es erfolgt abermals eine Concurrenzwirkung der beiden Lösungsmittel. Als Nebenwirkung ist noch anzumerken, dass kleine Quantitäten der Lösungsmittel in einander übergehen, z. B. ein wenig Wasser in die Schwefeläther-Schicht.

Nun stelle man Wasser, in dem $a$ Gramme Aldehyd gelöst sind, unter den Recipienten der Luftpumpe, so findet eine Verdunstung sowohl von Wasser (was hier, da es den Partialdruck nicht beeinflusst, als nebensächlich anzusehen ist) als auch von Aldehyd statt, aber eine gewisse und in allen analogen Fällen bestimmte Menge Aldehyd wird vom restirenden, flüssigen Wasser zurückgehalten. Pumpt man jetzt aus, so verdunstet abermals (Wasser und) Aldehyd, aber wieder wird ein gewisses Quantum Aldehyd vom restirenden Wasser zurückgehalten.

Stellt man den Versuch in umgekehrter Reihenfolge an, lässt man die $a$ Gramm Aldehyd unter dem Recipienten der Luftpumpe verdampfen bei Anwesenheit der gleichen Menge Wasser wie vorhin, und immer dieselbe Temperatur vorausgesetzt, so ergiebt sich, dass nach hinreichender Zeit genau dieselbe Menge Aldehyd in das Lösungsmittel Wasser übergegangen ist, und genau dieselbe Menge Aldehyd dampfförmig geblieben ist, wie im ersten Versuch. Es findet also ganz analog wie in der vorigen Versuchsreihe auch hier eine Concurrenzwirkung statt, d. h. eine Concurrenzwirkung zweier Lösungsmittel, von denen jedes den Umständen entsprechend sein Theil an sich zieht. Das eine Lösungsmittel ist das Wasser, das andere Lösungsmittel ist, wie man ohne Weiteres sieht, der Weltäther. Beide Versuchsreihen stimmen so überein, dass sogar die entsprechenden Lösungsmittel (Aether) zufällig gleichnamig sind und erst besonders unterschieden werden mussten. Im Folgenden ist wieder unter Aether nur der Weltäther zu verstehen.

§ 86. Der Aether also ist fähig, unter geeigneten Umständen Stoffe aufzulösen, zu verdampfen, zu vergasen und zwar auf Grund der Perigravitation\*), deren Existenz aus einer Reihe von Thatsachen § 58—60 sicher gestellt ist. Mithin ist die Perigravitation (Anziehung von Stoff und Aether) die wahre Ursache der Gasbildung. Infolge der Perigravitation hat auch im festen und flüssigen Aggregatzustande das Atom resp. Molekül seine Aetherhülle mit abnehmender Dichte, welche aber wegen naher Nebeneinanderlagerung der Moleküle klein ist. Werden aber durch Wärme die Schwingungsweiten der Moleküle vergrössert, so muss sich der erweiterte Zwischenraum sofort mit Aether ausfüllen, da die Heizfläche leicht durchlässig für Aether ist, ganz ebenso wie in einen durchlöchertem Cylinder bei Aufziehung des Kolbens sofort Luft einströmt. Je grösser durch Wärmezufuhr die Schwingungsweiten des Moleküls werden, um so grösser wird seine Aetherhülle, und ist dieselbe hinreichend gross, was je nach Umständen sehr verschieden ist (genau wie verschiedene Substanzen verschieden grosse Wasserhüllen zur Auflösung erfordern), so ist die Lösung im Aether erfolgt, das Molekül schwebt im Aether (genau wie das gelöste Salzmolekül im Wasser schwebt), steigt als specifisch leichter in der Flüssigkeit auf, siedet und hat vor allem auch die Haupteigenschaft seines Lösungsmittels die Elasticität erhalten (genau wie das Salzmolekül die Eigenschaft des flüssigen Wassers angenommen hat). In Gasform nimmt das Molekül den ca. 2000 fachen Raum ein, hat also ein dementsprechend grössere Hülle des absolut elastischen Aether-

---

\*) Sowie die Auflösungskraft des Wassers eine Specialkraft der Gravitation ist § 62, so ist die Auflösungskraft des Aethers eine Specialkraft der Perigravitation.

continuums erhalten und ist elastisch geworden. Warum das flüssige und feste Molekül so gut wie unelastisch erscheint, werde ich, um mich nicht weiter zu unterbrechen, bald klarstellen.

§ 87. Zuvörderst ist eine klare Vorstellung über die Lösung eines Salzes in Wasser anzubahnen, und es sei als Salz z. B. das Rhodankalium gewählt, das beim Auflösen starke Kälte erzeugt. Behufs etwaiger Dissociation und Verflüssigung der Moleküle dieses Salzes ist entsprechend Energie zu verbrauchen; aber nicht nur die Moleküle des Salzes, welche Inhaber der benöthigten Energie sind, lösen sich nach Vorschrift der Theorie der Energiedifferenzen, sondern alle Moleküle lösen sich, weil es die Anziehung der Salzmoleküle zum Wasser, d. h. die Lösungskraft des Wassers verlangt, und die den Salzmolekülen fehlende Wärmeenergie wird aus der Umgebung thatsächlich entnommen.

Es wäre offenbar ganz widersinnig zu behaupten, die Wärme oder die Dissociation wäre Ursache der Auflösung, vielmehr ist die Lösungskraft des Wassers die Ursache, die Wärme ist Hauptbedingung, die Dissociation ist eine andere wichtige Bedingung.

Ganz analog ist bei der Verdampfung nicht Wärme oder Dissociation als Ursache zu betrachten, sondern die Perigravitation ist die wirkliche Ursache, infolge dessen sich die verdampfenden Moleküle im Aether lösen\*), Wärme ist hierbei eine Hauptbedingung, die Dissociation eine weitere sehr wichtige Bedingung.

§ 88. Ferner ist bekannt, dass je nach der Natur der im Wasser löslichen Stoffe sehr verschiedene Mengen gelöst werden, und dass je höher die Temperatur umsomehr gelöst wird. Scheinbare Ausnahmen hängen mit Krystallwasserbildung zusammen. Die Löslichkeitsverhältnisse hängen von den Eigenschaftsursachen ab, für welche uns bis jetzt die nöthige Einsicht mangelt, weshalb wir vorläufig auf experimentelle Thatsachen angewiesen sind. Ganz analog löst ein bestimmter Aetherraum je nach der Natur der Moleküle ein bestimmtes Quantum, daher der sogenannte Partialdruck, und dieses verdampfende Quantum wird um so grösser, der Aether löst um so mehr, je höher die Temperatur ist. Die Lösungsverhältnisse im Bezug auf verschiedene Stoffe hängen ohne Frage auch hier mit den Eigenschaftsursachen zusammen, aber auch hier sind wir nur auf experimentelle Erfahrungen beschränkt.

---

\*) Sowie die Auflösungskraft des Wassers eine Specialkraft der Gravitation, so ist die Auflösungskraft des Aethers eine Specialkraft der Perigravitation (conf. § 62).

Sowie Chlorcalcium im Wasser zerfliesslich ist (die geringsten Wasserhüllen genügen zur Lösung), so ist Sauerstoff, Wasserstoff u. s. w. zerfliesslich (die geringsten Aetherhüllen genügen zur Lösung). Sowie Salpeter im Wasser leicht löslich ist, so ist Wasser im Aether leicht löslich (leicht verdampfbar). Sowie Chlorblei im Wasser schwer löslich ist, so ist Zink im Aether schwer löslich (schwer verdampfbar). Sowie Clorsilber im Wasser unlöslich ist, so ist Kohlenstoff im Aether unlöslich (nicht gasfähig).

Das Verständniss der Verdampfung an der Oberfläche ist nun dadurch angebahnt. Während an der Heizfläche die Schwingungsweiten der Moleküle leicht und bequem erweitert werden, so dass der eindringende Aether die zur Lösung erforderliche Aetherhülle bilden kann, darum Sieden erfolgt, muss die Lösung an der Oberfläche dadurch bewerkstelligt werden, dass für die erforderliche Schwingungsweite erforderliche Wärmeenergie herangezogen wird, nicht nach Vorschrift der Theorie der Energiedifferenzen, sondern genau so, wie bei der oberflächlichen Lösung des Rhodankaliums in Wasser die benöthigte Wärme aus der Umgebung herangezogen werden musste. Ferner ist seitens der verdampfenden Moleküle der äussere Luftdruck und die Schwere des Moleküls*) zu überwinden, welche Arbeitsleistung abermals Wärmeverbrauch bedingt. Daher geht im luftleeren Raum die Verdampfung weit schneller vor sich, in allen Fällen aber erfolgt starke Abkühlung. Wird schnell Luft in Schwefeläther eingeblasen, wodurch starke Kälte (d. h. Wärmemangel) entsteht, so wird durch den mit dem durchaus nicht kalten Luftstrom massenhaft zugeführten Weltäther rapide Lösung bedingt, die benöthigte Wärme aus Umgebung immer mehr herangezogen, bis der rückständige Schwefeläther soviel Wärme verliert, dass er gefriert bis 129° Kälte.

§ 89. Es ist nun zu erörtern, warum das feste oder flüssige Molekül unelastisch erscheint, während das Gasmolekül elastisch ist. — Man denke sich einen mit Luft gefüllten Cylinder, der Druck sei $\frac{1}{20}$ Atmosphäre unterhalb und oberhalb des leichten Kolbens, auf welchen man ein Zehngrammstück 10 Centimeter hoch fallen lasse, so wird die Fallenergie deutliche Schwankung des Kolbens ersichtlich machen. Nun denke man den Druck um das zweitausendfache vermehrt, also den Kolben durch 100 Atmosphären niedergedrückt, so

---

*) Ganz analog erfordert es verschiedenen Energieverbrauch, ob ein leichter oder schwerer Kolben beim Aufziehen den Luftdruck zu überwinden hat.

wird das Zehngrammstück, auch aus grösserer Höhe fallend, keine ersichtliche Schwankung des Kolbens mehr hervorrufen, die unter 100 Atmosphärendruck stehende Luft würde uns als ein unelastischer Körper erscheinen. Aehnlich haben die festen und flüssigen Moleküle eine kleine und sehr dichte Aetherhülle und erscheinen unelastisch, während das Gasmolekül mit seiner sehr grossen Hülle, welche fast bis zur Verdünnung des Aethers im luftleeren Raum herabsinkt, infolgedessen die Natur des Lösungsmittels, des elastischen Aethercontinuums annimmt, d. h. absolut elastisch wird. Hiermit ist zugleich ein Problem gelöst, das bisher. aller Anstrengungen spottete.

. Die ersten Ideen zur vorstehenden Theorie der Gase fasste ich 1863, trat dann 1864 in die Technik über und war hier durch die Praxis abgelenkt. Ende der 70er Jahre verfolgte ich diese sowie andere Ideen eingehender und war bald in's Klare gekommen, wagte jedoch nicht, damit in die Oeffentlichkeit zu treten, weil mir die Zeitrichtung für meine Gastheorie sowie für meine Gravitationsbestrebungen nicht geeignet schien. Die Sachen liegen aber zu durchsichtig, zu klar; und so sei es dennoch gewagt. Sollte es denn noch immer so sein, dass in der Wissenschaft neue und wahre Ideen, welche der Zeitrichtung entgegen sind, auch wenn sie noch so überzeugend vorliegen, nicht verstanden werden?

§ 90. Die neue Gastheorie oder die „Aether-Gastheorie" hat sich nun durch Proben an Thatsachen zu bewähren.

1. Je höher man eine wässerige Lösung*) erwärmt, um so mehr von der darin löslichen Substanz, z. B. Salpeter, löst sich; durch Abkühlen scheidet sich Salpeter aus. Ganz analog wächst das Lösungsvermögen des Weltäthers je nach der Natur der löslichen, also gasfähigen Substanzen immer schnell und oft sehr schnell, durch Abkühlen orfolgt wieder Abscheidung oder Condensation.

2. Will man aus einer Salpeterlösung von gewöhnlicher Temperatur eine fernere Abscheidung des Salpeter erzielen, so muss das Lösungsmittel Wasser durch Abdampfen entfernt werden. Will man ganz analog aus der Lösung einer gasfähigen Substanz im Aether Abscheidung erzielen, so hat man das Lösungsmittel Aether auf irgend eine Weise zu entfernen, was natürlich hier nicht durch Abdampfen, sondern durch Druck zu bewerkstelligen ist, da die Gas einschliessenden Gefässe beim Druck den Aether leicht austreten lassen.

---

*) Selbstredend kann anstatt Wasser in entsprechender Weise jedes andere Lösungsmittel, wie Alkohol u. s. w., verwendet werden.

3. Stoffe, welche selbst beim stärksten Erhitzen nur Spuren von Dampf ausgeben, z. B. Metalle, wie Kupfer, Messing u. s. w., riechen an der Luft. Wilde unterscheiden bekanntlich echte und unechte Schmuckgegenstände durch den Geruch. Auch ohne chemische Reaction zu Hilfe zu nehmen, ist das Riechen des Kupfers, Messings u. s. w. erklärlich. Aether löst auch schon bei gewöhnlicher Temperatur von diesen fast unlöslichen Stoffen eine sehr kleine Menge, und es ist nicht unwahrscheinlich, dass, wenn man einen Aetherstrom in Form eines Luftstroms (daher der Wind so schnell trocknet) über mässig erhitzten Kohlenstoff streichen lässt, sich eine Wenigkeit Kohlenstoff im Aether löst, d. h. vergast.

4. Lösungen von Salzen sowie von Gasen im Wasser bilden bekanntlich unter passenden Umständen die sogenannten übersättigten Lösungen. Ich sagte mir nun, dass es dann höchstwahrscheinlich auch übersättigte Aetherlösungen, übersättigte Dämpfe geben müsse, und nach kurzem Nachdenken fand ich auch das wieder bestätigt. Erhitzt man nämlich in einem Kochfläschchen Wasser zum Sieden und sorgt dafür, dass der Obertheil der Kochflasche genügend heiss ist, so dass sich kein Wasser kondensirt, so ist, wenn die Kochflasche rechtzeitig gut verkorkt wird, nach dem Abkühlen im Oberraum der Flasche übersättigter Wasserdampf vorhanden. Oeffnet man den Kork, so dass Luft einströmt, so bildet sich sofort Nebel. Ist hierbei die eintretende Luft durch Watte gestrichen, also staubfrei, so bildet sich kein Nebel, ein kleines Stäubchen oder Wassertröpfchen veranlasst aber sofort Nebelbildung, ganz ebenso wie man in übersättigten wässerigen Lösungen durch Einwerfen eines kleinen fremden Körpers oder besser eines kleinen Krystalls (von gleicher Art wie die gelöste Substanz) die Abscheidung einleitet.

Ich habe früher oft darüber gelacht, wenn ich sah, dass Gärtner an sehr kalten, ruhigen und sternhellen Abenden kleine qualmende Feuer unterhielten, weil ich mir dachte, dass die geringe Menge des erzeugten Qualms unmöglich die nächtliche Wärmestrahlung wesentlich beeinflussen könne. Jetzt lache ich nicht mehr darüber, denn ich weiss nun, dass es, bewusst oder unbewusst galt, durch den Qualm die Nebelbildung des übersättigten Wasserdampfs einzuleiten.

5. Wenn man verdünnte Lösungen verschiedener Salze in Wasser herstellt, so dass im gleichen Volumen Wasser gleichviel Moleküle der betreffenden Salze gelöst sind, so hat *van't Hoff* fest gestellt, dass solche aequimolekulare Lösungen bei derselben Temperatur denselben osmotischen Druck ausüben. —

Analog haben verdünnte aequimolekulare Aetherlösungen (durch Aether verdünnte Dämpfe sind die sog. vollkommenen Gase) bei derselben Temperatur denselben Druck. Gleichviel Moleküle z. B. von Sauerstoff und Wasserstoff von derselben Temperatur haben gleiche Energie. Befinden sich daher gleichviel Moleküle von beiden Gasen in zwei gleichen Cylindern mit gleichen Kolben, so müssen bei gleichem äussern Druck die Kolben in beiden Cylindern gleich hoch stehn; oder beide Gasquanten nehmen gleiche Volumina ein, und daher auch umgekehrt, müssen in gleichen Volumen unter sonst gleichen Bedingungen auch gleichviel Moleküle enthalten sein. Das *Avogadro*'sche Gesetz ist daher kinetischer Natur ebenso, wie das Gesetz des osmotischen Drucks aequimolekularer Lösungen; aber nun die Hauptsache: Beide Gesetze würden an und für sich nicht möglich sein, sie werden erst möglich dadurch, dass im letzteren Fall die Auflösungskraft (Specialkraft der Gravitation § 62) des Wassers die Salzmoleküle verflüssigt, genau so wie die Auflösungskraft des Aethers (Specialkraft der Perigravitation) die betr. Stoffe vergast. Diese beiden Lösungskräfte sind also die *conditio sine qua non*, und dasselbe gilt für alle übrigen kinetischen Gesetze der Gase.

§ 91. 6. Kritisches Volumen, kritischer Druck, kritische Temperatur, kritischer Punkt. Es ist sonderbar, dass auch zur Veranschaulichung dieses Gegenstandes wieder der sog. Schwefeläther, von den Chemikern schlichtweg Aether genannt, als der geeignetste Stoff erscheint. Man denke sich in einen Cylinder von passendem Material 1 Kilo Schwefeläther gegossen und den Kolben, welcher den flüssigen Schwefeläther vollständig berührt, durch einen Druck, von 40 Atmosphären, den sog. kritischen Druck belastet, und es werde allmälig bis auf 193°, die kritische Temperatur, erhitzt. Während des Erhitzens dehnt sich der Schwefeläther nach Art der tropfbaren Flüssigkeiten langsam und allmälig aus, so dass er bei 193° ungefähr 5 Liter Raum einnimmt, und das ist der kritische Punkt; unterhalb dieses Punktes ist er Flüssigkeit, oberhalb dieses Punktes ist er Dampf. Was heisst das?

Während durch Erhitzen, also vergrösserte Schwingungsweite der Moleküle, das Volumen von 5 Litern erreicht wurde, konnte infolge der vergrösserten Schwingungsweiten Weltäther eindringen, und die Weltätherhüllen jedes Schwefeläthermoleküls sind dadurch genau so gross geworden, dass das Molekül gelöst, d. h. dampfförmig geworden ist. Diesen Schwingungsweiten der Moleküle bei der kritischen Temperatur entspricht eine Energie, welcher durch den kritischen Druck von 40 Atm. das Gleichgewicht gehalten wird. Wird noch stärker erhitzt, dringt also bei noch mehr erweiterten Schwingungen noch mehr Lösungsmittel (Weltäther) ein, so kann oberhalb der kritischen Temperatur, da mehr wie hinreichendes Lösungsmittel vorhanden ist, Condensation zur Flüssigkeit nicht erfolgen.

Wird der kritische Druck erniedrigt, so wird das Volumen entsprechend vergrössert, es tritt daher wieder Lösungsmittel (Weltäther) als überschüssig hinzu, und darum kann unterhalb des kritischen Drucks ebenfalls keine Condensation erzielt werden.

Würde man aber selbst bei der kritischen Temperatur den kritischen Druck erhöhen, so würde damit nicht viel genutzt sein, denn vom kritischen Punkt aus abwärts, also an tropfbaren Flüssigkeiten erzeugt erhöhter Druck keine nennenswerthe Compression u.s.w.

Um also ein permanentes Gas zu condensiren, muss sein Volumen so verkleinert werden, dass nicht mehr ausreichendes Lösungsmittel (Weltäther) vorhanden ist, dass also die Perigravitation keine ausreichend grosse Hülle bilden kann, und das wird offenbar erreicht, wenn im Verein die Temperatur unter die kritische herabgesetzt und der Druck über den kritischen erhöht wird.

§ 93. 7. Dissociation. Nach § 72 wird eine endothermische Verbindung z. B. chlorsaures Kali oder Chlorstickstoff durch irgendwelche geeignete Energiezufuhr gebildet, dadurch also die potentielle Energie des Molekülsystems erhöht, d. h. der potentielle Abstand der Atome vom virtuellen Schwerpunkt vergrössert. Unter gewöhnlichen Umständen entsteht daraus eine mehr oder weniger grosse Spannung, und wird diese durch die sogenannte einleitende Ursache (electrischer Funke, Erhitzen, Stoss) erhöht, so muss, da unter den bestehenden Verhältnissen die Atomattraction andere Lagerungsverhältnisse verlangt, Dissociation eintreten. Die aus der potentiellen Energie hervorgehende (zuerst Fall-, dann Schwingungs-)Energie als Wärme ist aber nicht die geeignete Form zur Bildung der ursprünglichen endothermischen Verbindung, daher auch beim Abkühlen natürlich keine Rückbildung erfolgen kann.

Ganz anders stellt sich der Vorgang der Dissociation bei den exothermischen Verbindungen. Wird z. B. Kaliumwasserstoff im luftleeren Raum erhitzt, so liegt eine Concurrenzwirkung vor. Einerseits concurrirt die chemische Affinität, und andererseits, die genügende Zertheilung des Kaliumwasserstoffs natürlich vorausgesetzt, concurrirt die Perigravitation in Form der Aetherlösung. Da aus Kaliumwasserstoff nur Wasserstoff gelöst werden kann, so ist sozusagen der Wasserstoff das Streitobject.

Erhöhte Temperatur erhöht einerseits das Lösungsvermögen des Aethers, andererseits vergrössert sie zugleich die Schwingungsweite im Molekül, erhöhte Temperatur wirkt daher in Bezug auf die Perigravitation im unterstützenden, in Bezug auf die chemische Affinität im feindlichen Sinne, und folglich muss sich je nach dem Grad der Temperatur der Grad der Concurrenzwirkung bestimmen. Dieses Resultat der Concurrenzwirkung wird am bequemsten barometrisch in Form der Dissociationstension bestimmt, der darauf Bezug habende Partialdruck ist, wie unten gezeigt wird, etwas an und für sich Nebensächliches. Bei 390° beträgt die Dissociationstension 363 Millimeter. Wird nun die Temperatur erniedrigt, so entzieht das Kalium als Concurrent dem Aether Wasserstoff und die Tension sinkt, wird die Temperatur aber erhöht, so entzieht der Aether als Concurrent eine entsprechende Menge Wasserstoff und die Tension steigt.

Die Concurrenzwirkung wird durch die minimale Aetherschicht, welche den Kaliumwasserstoff berührt, vermittelt. Je nach der durch Temperatur bedingten Schwingungsweite des Kaliumwasserstoffs nehmen beide Concurrenten (Kalium und Aether) das Ihrige vom Streitobject Wasserstoff in Anspruch, und hat z. B. die minimale berührende Aetherschicht bei erhöhter Temperatur bis zur Sättigung, da sie auf jeden Fall Ueberschuss von Kaliumwasserstoff vorfindet, sich bereichert, so wird durch Diffusionsausgleich dieser Process bis zur Sättigung des ganzen Aetherraums fortgesetzt. Da jede minimale Aetherschicht bei vorgefundenem überschüssigen Kaliumwasserstoff vollständig, soweit es die Schwingungsweite zuliess, gesättigt war, so kann eine weitere Vermehrung von Kaliumwasserstoff das Resultat nicht ändern.

Stellt man sich von der berührenden, d. h. wirksamen minimalen Aetherschicht eine punktartige Grösse vor, so gelangt man zum Differentialbegriff, zum Element des Aethers. Dieses Aetherelement kann, wenn Perigravitation mit der kräftigen chemischen Affinität concurrirt, je nach der Temperatur (Schwingungsweite der Atome) nur nach atomistischen Grundsätzen wirken, aller Ueberschuss von Molekülen ist daher wirkungslos.

Concurrirt dagegen Perigravitation mit der sehr viel weniger kräftigen Adhäsion (wenn z. B. Kohle, welche mehr oder weniger mit Ammoniakgas gesättigt ist, in den luftleeren Raum gebracht wird), so wird je nach der Temperatur das Concurrenzresultat nicht nach chemischatomistischen Grundsätzen, sondern nach der Anzahl der adhärirenden Ammoniakmoleküle bestimmt. Je mehr die Kohle mit Ammoniak gesättigt war, um so mehr davon löst sich im Aether, um so höher erscheint daher die Tension resp. der Partialdruck. Nach § 62 wachsen allmälg an: Adhäsion, Cohäsion, Auflösungskraft des Wassers, Kraft der Krystallwasserbindung, Kraft der chemischen Additionsprodukte, chemische Affinität. In jedem dieser einzelnen Fälle steht das Concurrenzresultat entsprechend in der Mitte zwischen den obigen extremen Fällen (chemische Affinität und Adhäsion).

Aus der daraus hervorgehenden Anzahl von schwingenden Wasserstoffmolekülen im Aetherraum folgt dann selbstverständlich der Druck als sogenannter Dissociationsdruck, der sehr werthvoll ist, weil er ein bequemes barometrisches Ablesen gestattet, sonst aber nebensächlich ist. Denn wäre z. B. ein indifferentes Gas zugegen, so würde an der Concurrenzwirkung durch das indifferente Gas nichts geändert und die sogenannte Dissociationstension erschien als Partialdruck.

Je nach der Natur des Stoffes ist die Concurrenzwirkung natürlich verschieden. So ist bei $390^0$ die Dissociationstension für Kaliumwasserstoff 363 und für Natriumwasserstoff 284 Millimeter. In Bezug auf Wasserstoff ist Natrium ein stärkerer Concurrent als Kalium, in Bezug auf Sauerstoff würde es aber umgekehrt sein.

§ 94. Eine höchst lehrreiche Erweiterung liefert das Studium der Dissociation des Wassergases, welches dabei in Wasserstoff und Sauerstoff zerfällt. Die Dissociation beginnt bei $1000^0$, und $2500^0$ gilt als Dissociationstemperatur. — Das Wassergas bei $1000^0$ ist als vollkommenes Gas doch schon verdünnte Aetherlösung, was soll da nun noch weitere Aetherlösung? Pardon! Die Perigravitation ist in Bezug auf Aetherhüllenerweiterung unersättlich, und da aus 2 Volumen Wassergas 3 Volumen der dissociirten Gase werden können, so erfolgt Dissociation, soweit es die Umstände ermöglichen.

Bei $1000^0$ ist Schwingungsweite der Atome*) des Wassergases an und für sich bei Weitem nicht ausreichend zur Zersetzung des Wassergases, welche erst $1500^0$ höher erfolgen sollte. Zur Veran-

---

*) Je höher die Temperatur, um so kräftiger die Schwingungen der Moleküle, und da diese durch die Atome zusammenstossen, um so kräftiger die Schwingungen der Atome.

schaulichung stelle man sich also vor, die Perigravitation (Anziehung von Stoff zu Aether, Erweiterung der Aetherhüllen) hilft gleichsam mit ziehen, und dadurch werden die Schwingungen so erweitert, dass Dissociation erfolgen kann. Sowie die Lösungskraft des Wassers alle Hindernisse überwindet trotz fehlender Wärme, so überwindet die Perigravitation alle Hindernisse trotz fehlender Wärme resp. Schwingungsweiten*); die vorhandene Wärme genügt nicht, aber die Perigravitation verlangt und erreicht durch ihre Mithilfe Dissociation. Träte die Perigravitation nicht als Ursache auf, so gäbe es überhaupt gar keine Dissociation.

Beweis: In jedem, also auch im Wassermolekül sind die Anziehungskräfte nach dem virtuellen Schwerpunkt gerichtet, und ob nahe oder fern, die Anziehungskräfte wirken fort. Es liegt also an und für sich gar kein Grund vor, dass ein Molekül zerfällt; denn bei grösserem Raum werden durch Wärme nur die Schwingungen der Atome weiter, bei vermindertem Raum werden die Schwingungen schneller, aber die Anziehung bleibt, und ein Zerfall durch Wärme, also die Dissociation wäre überhaupt unmöglich. Damit diese überhaupt einen Sinn hat, also möglich wird, muss eine Ursache dazu kommen, welche eventuell von den Zersetzungsprodukten Gebrauch macht, und diese Ursache ist die Perigravitation. Die Dissociation ist also Wirkung, die Wärme unterstützende Bedingung, die Perigravitation Ursache. Und genau so bei der Verdampfung, welche zur Dissociation in der innigsten Beziehung steht. —

Kurz, das Produkt aller dieser gegensätzlichen Wirkungen und Beziehungen ist das Molekül, und im höchsten Grade der Dissociation, das Atom mit erweiterter Aetherhülle, und es erscheinen mithin die Resultate im vorliegenden Gebiet als eine abermalige Consequenz und glänzende Bestätigung des „Urgesetzes" im Weltall.

„Ausgleich der gegensätzlichen Verhältnisse zum einheit- „lichen Produkt" (Dualismusmonismus. Conf. die Anmerkung zu § 19).

8. Schüttet man überschüssige Mengen von Chlorkalium, Chlornatrium und Chlorammonium in Wasser, so löst sich von jedem dieser Stoffe (bei derselben Temperatur) so viel in Wasser auf, als ob die anderen Stoffe nicht vorhanden wären.

---

*) Hieran sieht man auch, in welcher Beziehung Dissociation und Verdampfung stehen.

Stellt man überschüssige Mengen von Wasser, Alkohol und Schwefeläther unter den Recipienten der Luftpumpe, so löst sich von jedem dieser Stoffe (bei derselben Temperatur) so viel im Weltäther auf (verdampft), als ob die anderen Stoffe nicht vorhanden wären.

## Die fünf Aggregatzustände.

§ 95. Seit *Faraday's* Anregung, durch Verdünnung von Gasen zum vierten Aggregatzustand zu gelangen, ist es ein Lieblingsthema vieler Forscher, über dieses interessante Problem zu discutiren und zu experimentiren. Die bei dieser Gelegenheit erlangten Resultate sind nun nach anderer Richtung für die Wissenschaft gerade bedeutsam genug, aber der eigentliche Zweck ist damit nicht erreicht, der vierte Aggregatzustand nicht gefunden worden. Und das konnte auch nicht anders sein. Denn ob man in einem Kubikcentimeter Gas z. B. Trillionen oder nach millionenfacher Verdünnung noch immer Billionen Gasmoleküle hat, kann keinen wesentlichen Unterschied machen. Und nicht minder negativ muss das Resultat ausfallen, wenn man hoffen wollte, auf dem Wege der Dissociation zum Ziel zu gelangen. Denn ob ein Gasmolekül aus 100, 50, 10, 4, 2 oder einem Atom besteht, kann ebenfalls keinen wesentlichen Unterschied ausmachen.

Nur durch Einführung einer völlig neuen Operation kann es möglich werden, den vierten Aggregatzustand zu finden. Zur Beurtheilung der einschlagenden Verhältnisse fehlten aber bisher die nöthigen Mittel wegen theilweiser Unkenntniss der 8 Eigenschaftsursachen.

§ 96. Um nun diese neue Operation herauszufinden, müssen ohne Frage die drei Urkräfte herangezogen werden, denn diese haben hierbei sicher eine bedeutsame Rolle zu spielen, und ferner ist klar, dass das Verhältniss dieser drei Urkräfte an den bisher bekannten Aggregatzuständen zu verfolgen ist. Im festen Aggregatzustand erscheint offenbar die Gravitationskraft die dominirende, die Aetherhüllen sind zwar dicht aber klein, und daher ist die Wirksamkeit der Perigravitation und Antigravitation in Bezug auf Ausdehnung beschränkt.

Im tropfbarflüssigem Zustande erscheint die Wirksamkeit der Gravitation bedeutend herabgesetzt, die potentiellen Abstände der Moleküle (Cohäsion) müssen also vergrössert und daher auch die

Aetherhüllen erweitert sein, wovon jedoch wenig zu bemerken ist. Nach meiner Ansicht enthält die Theorie des tropfbarflüssigen Aggregatzustandes fast ebenso viele Lücken, als ich es beim Gaszustand dargethan habe. Ohne diesen wichtigen Gegenstand erschöpfend behandeln zu wollen, möchte ich zum besseren Verständniss hier nur versuchen, eine Lücke auszufüllen.

Wasser nimmt bei Erniederigung der Temperatur bis $4^0$ einigermassen normal allmälig an Volumen ab, dehnt sich aber wunderbarer Weise von $4^0$ bis $0^0$ scheinbar unnormal wieder aus.

In dieser für den Haushalt der Natur so hochbedeutsamen Frage wird sicher die krystallographische Gestalt des Wassermoleküls von wesentlicher Bedeutung sein.- Wir wissen nur, dass diese Gestalt dem hexagonalen System angehört, sonst bietet die Wissenschaft keine Anhaltspunkte; nach meinem in § 64 angedeuteten Constructionsversuch wäre vorläufig eine sechsseitige Doppelpyramide festzuhalten.

Man stelle sich nun vor, viele solcher Doppelpyramiden wären in einer Schachtel regellos zusammengeschüttelt, so werden sie den geringsten Raum einnehmen. Aehnlich bei den Wassermolekülen im flüssigen Zustande, die durch vermehrte Wärme, also vergrösserte Schwingungsweite sich ausdehnen, und analog bei Temperaturherabsetzung sich nähern. Beim Erstarren ordnen sich die Moleküle, ob mikroskopisch oder in Form grösserer Krystalle, nach krystallographischen Gesetzen, und je nach der Form des Molekülkrystalls wird dazu verschiedener Raum beansprucht, beim erstarrenden Wassermolekül thatsächlich ein grösserer als im flüssigen Zustande. Nun macht sich die krystallographisch ordnende*) Wirkung nicht nur beim Erstarren, sondern vorher (wie auch in anderen Fällen) allmälig in einer ordnend wirkenden Anziehung geltend, die je näher $0^0$ zu um so mehr eine Volumerweiterung bis zur wirklichen Erstarrung im Gefolge hat.

Es ist auch klar, dass sich diese krystallordnende Kraft (welche als Specialkraft der Gravitation eine vorzügliche Bestätigung des in § 65 Gesagten liefert) sich nicht nur von $0^0$ bis $4^0$, sondern auch über $4^0$ hinaus geltend macht, und das ist zugleich der natürliche Grund der Unregelmässigkeit in Bezug auf den Ausdehnungscoefficienten des Wassers in der Gegend von $4^0$.

---

*) Die Bedeutung der krystallographischen Gestalt des Atoms resp. Moleküls in Hinsicht der Gravitationswirkung von Eck auf Eck u. s. w., wird hier in anschaulicher Weise ersichtlich (§ 65).

Dass es hierbei schwierig ist, das wahre Verhältniss der Aetherhüllen festzustellen, liegt auf der Hand, und wir müssen uns vorläufig bescheiden. Um so hervorragender erscheint im Gaszustand die Wirksamkeit der Perigravitation und Antigravitation in der Form erweiterter Aetherhüllen, während die Gravitation der Moleküle fast auf Null reducirt ist.

Als Resultat der Prüfung ergiebt sich daher, dass in der Richtung vom festen bis zum gasförmigen Zustande die Gravitation allmälig bis fast Null abgenommen hat, die Wirksamkeit der Perigravitation und Antigravitation um so mehr sich erweitert hat. Um also zu der gesuchten neuen Operation zu gelangen, müssen vorerst, da die Gravitation zwischen den Molekülen resp. Atomen (Dissociation) schon fast Null ist, besonders die beiden anderen Kräfte in's Auge gefasst werden, und da sieht man denn sofort, da erweiterte Aetherhüllenbildung am Atom nichts nutzt, dass die Perigravitation sich an die Atomtheile zu halten hat, kurz, dass das Atom selbst im Aether zum vollständigen Continuum (also nicht etwa in endlichen Theilchen der Atome) aufgelöst werden muss.

§ 97. Nun ist aber nach dem „Gesetz von der Erhaltung des Atoms" conf. § 61 und 61 f dieses Atom (selbstverständlich das wirkliche Uratom vorausgesetzt) gegen menschliche oder meteorologische Eingriffe für alle Zeiten und unter allen Umständen geschützt, andrerseits ist aber nicht anzunehmen, dass die Welturache den Urstoff nur in Form der Atome und nicht auch in Form des Continuums erzeugt habe, der mit dem elastischen Aethercontinuum innig gemischt, den vierten oder elastisch-continuirlichen Aggregatzustand darstellen würde. Also ist im Weltall zu suchen, und ich kann schon ankündigen, dass ich trotz meiner geringen Kenntnisse in der Astronomie bereits verschiedene bedeutsame Thatsachen namhaft zu machen habe.

Zuvor ist noch folgendes festzustellen: Sowie die Gasmoleküle durch ihre erweiterte Aetherhülle keineswegs ihre Schwere verloren haben, sondern als System genau so wie im flüssigen und festen Zustande zur Centralmasse gravitiren, so muss selbstverständlich irgend eine Quantität des Urstoffs im vierten Aggregatzustande als System gefasst, sowohl in Bezug auf den Schwerpunkt des eignen Systems, als auch in Bezug auf eine andere Centralmasse gravitiren. Eine grössere oder kleinere Quantität Urstoff im elastisch-continuirlichen Aggregatzustande würde sich also keineswegs zerstreuen, sondern sehr wohl zusammenhalten und allen Bewegungsgesetzen der übrigen Weltkörper unterworfen sein, namentlich also Kreisbahnen bis hyperbolische Bahnen zu beschreiben vermögen. Ferner ist zu beachten, dass der Lichtstrahl bei seinem Durchgang durch die Erdatmosphäre aus verschiedenen Gründen wesentlich geschwächt wird, und wenn die Atmosphäre entsprechend vergrössert würde, so würden wir keine Sterne, und bei genügender Vergrösserung keine Sonne mehr sehen. Hieraus folgt, dass man durch Gasmassen von bedeutendem räumlichen Umfang keine Sterne hindurch sehen kann, und um so vielmehr muss das eintreten, wenn man durch einen solchen Raum hindurch sieht, der mit grösseren Massenstücken (wenn auch mit grösseren Abständen) discontinuirlich ausgefüllt wäre. Man erinnere sich, wie schon geringe Staubwolken oder ein paar unbelaubte Baumstämme das Sehen in die Ferne verhindern, während wir durch grosse Luftmassen hindurch sehen. Aber auch die Durchsichtigkeit von Gasmassen hat, wie vorhin gezeigt, ihre Grenze infolge des Molekularzustandes, dagegen müsste der Urstoff im elastisch-continuirlichen Zustande fast absolut durchsichtig sein, d. h. selbst durch sehr grosse Massen dieses Urstoffs müsste man (da der Lichtstrahl durch ein Continuum fast ungeschwächt hindurch geht) die Sterne hindurch leuchten sehen.

§ 98. Es ist aber allbekannt, dass durch mehrere Kometenschweife hindurch die Sterne leuchten, was bei den enorm grossen Dimensionen der Kometenschweife unmöglich wäre, wenn der Stoff aus Gasen, weit zerstreuten sog. Weltstaub oder gar aus grösseren von einander entfernten Stofftheilen (Fernsicht durch ein paar entlaubte Bäume verhindert) bestände, vielmehr wird ausdrücklich von den Astronomen das Eigenthümliche und in verschiedenen Fällen Unbegreifliche dieses Stoffs betont. Es wäre also sehr wohl möglich, dass hier der Urstoff im vierten Aggregatzustande vorliegt. —

Von ungleich grösserer Bedeutung sind die folgenden Thatsachen: Die anschaulichste Vorstellung vom Zodiakallicht erhält man, wenn man sich vorstellt, dass die Sonne von einer ungeheuren linsenförmig abgeplatteten Atmosphäre umgeben sei, in deren Mittelpunkt die Sonne steht und deren grösste Ausdehnung in die Ebene der Ekliptik fällt. Auch wird dieser Nebeldunst als Ring aufgefasst, dessen Ausdehnung von der Venus- bis zur Marsbahn reicht.

Es liegt hier ohne Frage irgend eine Form des Weltkörperstoffs oder Urstoffs vor, wie folgende Thatsachen beweisen: 1. Die Gestalt ist linsenförmig oder ringförmig, und die grosse Axe liegt in der Ebene des Sonnenäquators. 2. Die Masse ist fähig, Licht auszustrahlen. 3. Die Masse besitzt Tangentialenergie und unterliegt der Gravitation. 4. Die Spectraluntersuchung von *Angström* (bestätigt von *Vogel*) ergiebt eine einzige helle Linie in der Mitte zwischen den Frauenhofer'schen Linien $D$ und $E$. Diese letztere Thatsache einer einzigen hellen Linie fällt besonders in's Gewicht, und fügt man noch hinzu, dass durch diese Masse Sterne hindurch leuchten und zwar ohne Lichtbrechung, so wird es fast zur Gewissheit, dass in der Masse des Zodiakallichts der elastisch-continuirliche oder vierte Aggregatzustand des Urstoffs bereits gefunden ist. —

Eine etwaige aus Gasmolekülen bestehende Sonnenatmosphäre kann dieser Stoff nicht sein, erstens weil sich aus dem Gravitationsgesetz leicht zeigen lässt, dass er noch nicht bis zur Mercurbahn reichen würde, und zweitens weil wir alsdann gar keine Sonne erblicken würden. Im Gegentheil leuchten die Sterne durch diesen Stoff, ohne Lichtbrechung zu erfahren, was nur durch ein Continuum geschehen kann, da ich aber soeben aus den obigen 4 Thatsachen bewiesen habe, dass dieser Stoff irgend eine Form des Urstoffs ist, so folgt, dass der Stoff des Zodiakallichts Urstoff in Form des elastischen Continuums, d. h. der Urstoff im vierten Aggregatzustande ist.

Soweit es bis jetzt möglich ist, lassen sich die Eigenschaften des Urstoffs im vierten Aggregatzustande wie folgt zusammenfassen:

1. Er bildet ein Continuum, innig gemischt mit dem elastischen Aethercontinuum, ist daher absolut elastisch.

2. Er ist bewegungsfähig, gravitationsfähig und lässt das Licht ohne Brechung und Schwächung hindurch.

3. Er kann niemals verdichtet werden, denn die bis zur unendlich grossen Wirksamkeit gediehene Perigravitation ist ebenso unüberwindlich als die unendlich grosse Gravitation zwischen den sich absolut berührenden Theilchen des Atoms. Könnte man auch in einem undurchlässigen Cylinder Compression bewirken, so würde eine Verdichtung zu festem Urstoff auch deshalb unmöglich sein, weil der Aether infolge seiner Antigravitation (Abstossung) nicht absolut verdichtet werden kann.

4. Es giebt nur eine einzige Art des Urstoffs im vierten Aggregatzustande.

5. Seine Spectrallinie ist eine einzige helle Linie in der Mitte zwischen den Frauenhofer'schen Linien $D$ und $E$.*)

---

*) Als Entdecker des vierten Aggregatzustandes habe ich meinen Sohn F. C. Albert Kaiser anzuerkennen, mit welchem allein ich während meiner

Falls es sich bestätigen sollte, dass der Ring des Zodiakallichts bis zur Marsbahn geht, so, man braucht nicht zu erschrecken, athmen wir sogar in diesem vierten Aggregatzustand des Urstoffs, und befinden uns ganz wohl dabei. Dass bei seiner unermesslichen Verdünnung niemals an Wägung und dergleichen zu denken ist, braucht wohl nur angedeutet zu werden, ebenso dass der so viel besprochene Weltendunst und in vielen Fällen auch der sogenannte Weltnebel im elastisch-continuirlichen Urstoff verwirklicht und begründet ist.

Von wie grosser Bedeutung dieser elastisch-continuirliche Urstoff im Haushalt des Weltalls sei, da er eine stoffliche Verbindung verschiedener Weltkörper vermittelt, lässt sich vorläufig nur ahnen, und nächste Aufgabe muss es sein, diese Form des Urstoffs in so vielen Fällen als möglich festzustellen. Die Astronomen und Astrophysiker mögen suchen, und sie werden sicher finden.

Der vierte Aggregatzustand, d. h. Urstoff und Aether in intensivster Wechselwirkung, erscheint abermals als glänzende Bestätigung resp. Consequenz des „Urgesetzes".

§ 99. Würde es nun über diesen elastisch-continuirlichen Urstoff hinaus noch einen fünften Aggregatzustand geben können? Sicher nein; denn in ihm ist die Perigravitation schon bis zur unendlichen Wirksamkeit gediehen. Um so näher aber liegt es, dass die für einen neuen Aggregatzustand erforderliche neue Operation vielleicht zu erschliessen sei, wenn man die Wirksamkeit der Urkräfte rückwärts nach dem festen Aggregatzustand zu verfolgt.

Bis zu diesem festen Aggregatzustand rückwärts angelangt, zeigt sich, dass die Gravitation in Form der Cohäsion (Moleküle) und der chemischen Affinität (Atome) eine ansehnliche Stärke erlangt hat, dagegen wegen kleiner, wenn auch dichter Aetherhüllen, der Perigravitation und Antigravitation eine beschränktere Wirksamkeit zukommt*). Also liegt es nahe, die Wirksamkeit in Bezug auf

---

Arbeiten conferirte. Derselbe entwickelte dabei verschiedene gute Ideen; er setzte es z. B. durch, dass ich an Stelle des ursprünglich sehr unpassend gewählten Namens die Bezeichnung „Perigravitation" einführte, und hat daher s. z. s. an der betreffenden Urkraft die Taufe vollzogen. Durch diesen glücklich gewählten Namen gelangte ich erst zur völligen Klarheit über die genannte Urkraft. Ebenso erkannte mein Sohn, in welchem Sinne (§ 61g) die Atome Vielfache des Wasserstoffatoms sind.

*) Um Missdeutungen vorzubeugen, sei betont, dass die Perigravitation um so stärker je näher dem Atom, weil die Aetherhüllen um so dichter sind § 61a bis l. Hier handelt es sich jedoch nicht um die Stärke, sondern um Ausdehnung der Wirksamkeit in Bezug auf Perigravitation und Antigravitation.

Ausdehnung und daher auch in Bezug auf Stärke dieser beiden unzertrennlichen Urkräfte auf Null zu reduciren und folglich die Gravitation am Urstoff unendlich wachsen zu lassen. In einer solchen Operation läge sicher so viel des Neuen und Charakteristischen, dass dieselbe ohne Frage zu einem neuen Aggregatzustand führen müsste. Nun, man hat nicht lange zu suchen; das Atom in Bezug auf seine eigene Masse stellt diesen fünften (eigentlich logischer den ersten) Aggregatzustand wirklich dar — denn die Theilchen des Atoms lagern bis zur absoluten Berührung aneinander und infolgedessen ist ihre Gravitationswirkung (das Nähere § 40) unendlich gross, und ferner ist der Aether von der inneren Masse des Atoms gänzlich ausgeschlossen, daher in der That die Wirksamkeit der Perigravitation und Antigravitation in Bezug auf Ausdehnung und Stärke auf Null reducirt ist.'

Die Formen des Urstoffs im vierten und fünften Aggregatzustande sind die striktesten Gegensätze; in folgenden vier Punkten stimmen sie aber ganz merkwürdig überein:

1. Jeder*) von beiden hat nur eine Art.
2. Sie lassen sich weder verdichten noch verdünnen.
3. Sie lassen sich weder durch menschliches Zuthun noch auf meteorologischem Wege darstellen, noch in andere Aggregatzustände überführen, existiren aber dennoch und sind folglich von der Welturszche direkt erzeugt.
4. Sie stellen beide ein Continuum dar, IV das absolut verdünnte elastische Continuum, V das absolut verdichtete starre Continuum.

Es sind daher die folgenden 5 Aggregatzustände des Urstoffs zu verzeichnen:
der erste oder feste Aggregatzustand,
der zweite oder tropfbarflüssige Aggregatzustand,
der dritte oder elastischflüssige Aggregatzustand,
der vierte oder elastischcontinuirliche Aggregatzustand,
der fünfte oder starrcontinuirliche Aggregatzustand.

Die obigen Erörterungen enthalten zugleich den Beweis, dass es einen weiteren Aggregatzustand nicht mehr geben kann, sie geben aber auch ferner eine anschauliche Vorstellung von der Bedeutung der drei Urkräfte in den fünf Aggregatzuständen. Man beachte vor-

---

*) Selbstredend jeder der beiden Stoffe in Form des betreffenden Aggregatzustandes.

erst, dass zwar die Perigravitation im Innern des Atoms ausgeschlossen ist, dagegen an der Grenze des Atoms bereits in vollster Kraft (Abnahme der Dichtigkeit der Aetherhüllen mit der Entfernung) auftritt, und dass ferner im vierten Aggregatzustand die Gravitation der Continuumtheilchen auf ein Minimum herabgesetzt, dass aber andererseits hier die Gravitation im Sinne des Massenschwerpunkts wirkt. Stellt man den fünften oder starrcontinuirlichen Aggregatzustand vor den ersten, welcher Platz ihm eigentlich zukommt, so übersieht man leicht, dass vom starrcontinuirlichen abwärts bis zum vierten oder elastisch-continuirlichen Aggregatzustand einerseits die Gravitation von unendlich gross allmälig bis zum Minimum (Gravitation in Bezug auf den Schwerpunkt der Masse) abnimmt, während andererseits die Wirkung der Perigravitation und der davon unzertrennlichen Antigravitation von Null (erst an der Atomgrenze wirkt die Perigravitation) durch die verschiedenen Aggregatzustände hierdurch abwärts allmälig bis zur grössten Ausdehnung heranwächst. Die drei Urkräfte wirken also in sämmtlichen fünf Aggregatzuständen und zwar auf sehr charakteristische Art und Weise.

§ 100. Schluss. Bei den bisherigen Entwickelungen der II. Abtheilung habe ich einen doppelten Zweck verfolgt, nämlich erstens den, auf Grund von Thatsachen eine in sich übereinstimmende Gesammttheorie aufzustellen und für die Wissenschaft Resultate zu fördern, sodann und ganz besonders hatte ich das Ziel vor Augen, die Bedeutung der „Kraft", wie sie in Form der drei Urkräfte wirkt, hervorzuheben und klar zu stellen. Wird mir das gelungen sein? Wird bei der jetzigen Zeitrichtung des Energieumsatzes und der Energieübertragung nicht die Erkenntniss dieser Bedeutung der „Kraft" auf unüberwindliche Schwierigkeiten stossen?

Ich will das Beste hoffen, und wenn es sich anders verhielte, so wird es unsern Nachkommen vorbehalten bleiben, die Bedeutung der „Kraft" in Form der drei Urkräfte zu verstehen und zu würdigen. Die „Kraft" lässt sich weder fortleugnen noch fortdisputiren, sie bleibt dennoch in Kraft bestehen.

www.ingramcontent.com/pod-product-compliance
Lightning Source LLC
Chambersburg PA
CBHW031335160426
43196CB00007B/704